MBA
मेरी मंजिल

MBA
मेरी मंजिल

राजीव आर. ठाकुर

प्रभात
पेपरबैक्स
www.prabhatbooks.com

प्रकाशक

प्रभात पेपरबैक्स

4/19 आसफ अली रोड, नई दिल्ली-110002

फोन : 23289555 • 23289666 • 23289777 ❖ फैक्स : 23253233

इ-मेल : prabhatbooks@gmail.com ❖ वेब ठिकाना : www.prabhatbooks.com

संस्करण

प्रथम, 2016

मूल्य

एक सौ पच्चीस रुपए

अ.मा.पु.स. 978-93-5186-805-7

मुद्रक

आर-टेक ऑफसेट प्रिंटर्स, दिल्ली

★

MBA MERI MANZIL

by Rajiv R. Thakur

Published by **PRABHAT PAPERBACKS**

4/19 Asaf Ali Road, New Delhi-110002

ISBN 978-93-5186-805-7

₹ 125.00

प्रेरणा :

भार्गवी

ऋतु

गोदावरी

स्व. ईश्वर

प्राक्कथन

'MBA मेरी मंजिल' को पढ़ने के बाद मुझे विश्वास है कि यह देश के लाखों युवाओं के लिए, जिनका MBA एवं उससे जुड़ा कॅरियर एक सपना है, काफी उपयोगी सिद्ध होगी। खास बात यह है कि इस पुस्तक में लेखक डॉ. राजीव आर. ठाकुर ने बहुत ही सरलता से MBA से संबंधित सभी बारीकियों का विवरण दिया है, जो पाठकों के लिए काफी उपयोगी होगा। नामांकन से लेकर पाठ्यक्रम की पढ़ाई-लिखाई, व्यक्तित्व निर्माण एवं प्लेसमेंट की तैयारी, व्यक्तिगत मूल्यों तक की चर्चा की है। एक और अच्छी बात मैंने इस पुस्तक में पाई है, वह है समाज के विभिन्न क्षेत्रों के विशेषज्ञों की राय, जो लेखक की अपनी राय और अनुभव से अलग प्रस्तुत की गई है। मुझे पूरा विश्वास है कि पुस्तक में बताई गई बातें छात्रों को मैनेजमेंट क्षेत्र में अपना कॅरियर बनाने में काफी मदद करेंगी और उन्हें सफल बनाएँगी। छात्रों के अलावा माता-पिता, अभिभावकों, शिक्षकों के लिए भी यह पुस्तक उपयोगी रहेगी। कुल मिलाकर मैं यह कह सकता हूँ कि 'MBA मेरी मंजिल' ने अपनी मंजिल पाने में कोई कसर नहीं छोड़ी है।

मैं लेखक डॉ. राजीव को उनके प्रयासों के लिए बधाई देना चाहता हूँ, जिसका सीधा लाभ समाज के एक बड़े वर्ग को मिलेगा।

(डॉ. अजित प्रसाद)

डायरेक्टर आई.आई.एम., लखनऊ

अपनी बात

दसवीं कक्षा से लेकर एक निश्चित कॅरियर चुनने तक जहाँ एक ओर कई संभावनाएँ सामने होती हैं, वहीं दूसरी ओर एक निश्चित दिशा को तलाशना काफी मुश्किल भरा काम होता है। सही सूचना के अभाव में या अभिभावकों एवं छात्रों की शिथिलता की वजह से यह निश्चित हो नहीं पाता कि दसवीं कक्षा के आगे क्या करना सही रहेगा, क्या नहीं और इस तरह की दुविधा आगे कॅरियर के चुनाव तक बनी रहती है। अगर कॅरियर और उससे जुड़े हुए कोर्स इत्यादि निश्चित हो भी जाएँ तो भी कोर्स के दौरान कैसे सफल हुआ जाए या कोर्स करते हुए क्या अपेक्षित है, ये सभी दुविधाएँ छात्रों को सफल नहीं होने देती हैं। ऐसी स्थिति लाखों छात्रों के साथ आती है, खासकर वैसे शहरों या जगहों में जहाँ इस प्रकार की जागरूकता की भारी कमी होती है और सही मार्गदर्शन करनेवाले भी विरले ही मिलते हैं। उन परिवारों में भी इस तरह की दुविधा मिलती है, जहाँ बड़े-बुजुर्ग, अभिभावकगण, छात्रों का मार्गदर्शन करने में असमर्थ होते हैं, क्योंकि उनकी खुद की जानकारी सीमित होती है। लगभग दो दशक से ऊपर की इंडस्ट्री एवं शिक्षण संस्थान के अपने अनुभव में मैंने इस समस्या से जूझते हुए छात्रों को देखा है। कई छात्रों को असफल होते देखा तो कई जिन ऊँचाइयों को छूने की काबिलियत रखते थे, वे सही जानकारी और सही मार्गदर्शन के अभाव में पीछे छूटते पाए गए।

इस पूरे परिप्रेक्ष्य में मैंने अपने अनुभव से यह महसूस किया कि क्यों न कोर्स एवं कॅरियर से संबंधित सभी प्रासंगिक पहलुओं को एक साथ रखकर एक पुस्तक के रूप में लाखों छात्रों एवं उनके अभिभावकों के लिए उपयोगी सूचना पहुँचाई जाए। ऐसा करते हुए हर स्ट्रीम और हर तरह के कॅरियर को

एक ही पुस्तक में सम्मिलित कर पाना असंभव सा लगा। अतः इस पुस्तक में मेरा यह प्रयास रहा है कि दसवीं, बारहवीं कक्षा में सामने आनेवाली बातों एवं दुविधाओं पर प्रकाश डालते हुए एम.बी.ए. कोर्स एवं मैनेजमेंट कॅरियर पर ही फोकस किया जाए। मैनेजमेंट संस्थान में लगभग एक दशक से ऊपर जुड़े रहने के कारण बहुत नजदीक से छात्रों एवं उनके अभिभावकों को मैनेजमेंट कॅरियर, मैनेजमेंट संस्थान, उनमें नामांकन, मैनेजमेंट कोर्स की बारीकियाँ एवं कोर्स को सफलतापूर्वक पूराकर प्लेसमेंट पाने तक की उनकी कठिनाइयों को देखने का अवसर मिला है। इस पुस्तक में प्रयास रहा है कि इन सभी बिंदुओं पर छात्रों एवं अभिभावकों को सही सूचना एवं सही मार्गदर्शन मिले। इस पुस्तक में मूलतः निम्न बिंदुओं पर चर्चा की गई है, जिनका महत्त्व पाठकों के लिए काफी अधिक होगा—

1. वर्तमान की सामाजिक, आर्थिक व्यवस्था एवं वातावरण में एक परिवार में आवश्यक सोच। शिक्षा एवं कौशल की महती आवश्यकता पर बल।
2. दसवीं से बारहवीं तक के विभिन्न अवसर और उन अवसरों में अपने लिए एक इच्छित मार्ग के चयन के लिए उचित मार्गदर्शन।
3. मैनेजमेंट कॅरियर का बढ़ता प्रभाव और इसकी सफलता में एम.बी.ए. कोर्स के योगदान का विवरण।
4. देश में मैनेजमेंट कोर्स की व्यवस्था एवं संभावनाओं से एक परिचय।
5. मैनेजमेंट संस्थान में नामांकन की प्रक्रिया और नामांकन हेतु आवश्यक तैयारी।
6. मैनेजमेंट संस्थान का चुनाव कैसे किया जाए, उससे संबंधित गाइड लाइंस।
7. मैनेजमेंट कोर्स से परिचय तथा तमाम बातों का विवरण, जिससे छात्र कोर्स को सफलतापूर्वक पूरा कर सकें।
8. समर इंटर्नशिप का महत्त्व और उसकी प्रक्रिया।
9. कोर्स के दौरान एक होलिस्टिक व्यक्तित्व का निर्माण कैसे किया जाए, जिससे इंडस्ट्री में साख स्थापित हो सके।
10. प्लेसमेंट प्रक्रिया की जानकारी एवं उसमें सफलता के लिए आवश्यक तैयारी।

ऊपर के बिंदुओं पर, जहाँ एक ओर लेखक ने अपने स्वयं के अनुभवों

एवं विचारों को रखा है, वहीं दूसरी ओर देश के कुछ चुने हुए अनुभवी विशेषज्ञों की राय भी सम्मिलित की हैं। ये विशेषज्ञ, इंडस्ट्री एवं शिक्षा के विभिन्न क्षेत्रों में महारत हासिल रखते हैं और उनके अनुभव एवं विचार पाठकों के लिए बहुमूल्य एवं लाभप्रद होंगे।

इन महत्त्वपूर्ण बिंदुओं के अलावा अंत में कुछ उपयोगी जानकारियों को भी शामिल किया गया है, जिससे पाठकों को सहज लाभ मिल सके और उनका रुझान और अधिक जानकारी के प्रति हो।

छात्रों एवं अभिभावकों के अलावा यह पुस्तक कोचिंग इस्टीट्यूट, अंडर ग्रेजुएट कॉलेजों, प्लस टू स्कूलों में काफी उपयोगी सिद्ध होगी, खासकर उन छोटे शहरों में, जहाँ अब भी सूचना एवं अनुभव का खासा अभाव है। छात्रों में भी वैसे छात्र, जो अभी मैनेजमेंट को कॅरियर बनाना चाहते हैं और वैसे छात्र, जो अभी 12वीं या अंडर ग्रेजुएशन में हैं और उन्हें अपना मार्ग चुनना है, दोनों के लिए ही यह पुस्तक लाभप्रद होगी।

मुझे यह पुस्तक पाठकों को समर्पित करते हुए काफी हर्ष हो रहा है, जहाँ संक्षेप में बहुत ही उपयोगी विषयों के सभी पहलुओं पर अपनी राय और अनुभव शेयर कर पा रहा हूँ। मुझे विश्वास है कि सभी पाठक इनसे लाभान्वित महसूस करेंगे। समाज के प्रति इसे मेरी तरफ से एक छोटा सा उपहार मात्र समझा जाना चाहिए।

आभारोक्ति

'MBA मेरी मंजिल', लेखक के रूप में मेरा प्रथम प्रयास है, जो मूलतः ईश्वरीय प्रेरणा का फल है और इस प्रसाद रूपी फल के लिए मैं हृदय से ईश्वर को अपने उद्‍गार प्रकट करना चाहता हूँ एवं नतमस्तक हूँ। अब तक के जीवन में प्राप्त उपलब्धियों के आधार पर समाज को कुछ समर्पित कर सकूँ, ऐसी दैवीय प्रेरणा अंतर्मन को कचोटती रहती है, उस दिशा में कुछ करने को उकसाती रहती है और उसी का परिणाम है कि यह छोटी सी पुस्तक जीवन के कुछेक अनुभवों को समेटे पाठकों के समक्ष है, जिनका लाभ उन्हें अवश्य मिलेगा। इस प्रयास में मेरे परिवारजनों माता-पिता, बेटी और पत्नी का काफी बड़ा योगदान रहा है, जिन्होंने हर पल मुझे कुछ ऐसे ही सकारात्मक कामों को करने के लिए प्रेरित किया है। खासतौर से मेरी पत्नी ऋतु ने अपने ही अंदाज में लगातार एक आलोचक (क्रिटिक) की तरह कुछ और बेहतर करने के लिए बाध्य किया है और उस ओर अपना सहयोग दिया है। इनके अलावा जीवन से जुड़ी कई अमूल्य हस्तियों ने भी अपने अंतरंग भाव से प्रेरित किया है, जिनका मैं आभार व्यक्त करता हूँ। मित्रगण, बंधु-बाँधव सभी को मेरा विशेष आभार। कार्यक्षेत्र में जुड़े सहयोगीजन, छात्र-छात्राएँ, अग्रज-अनुज सभी की प्रेरणा इस पुस्तक के पीछे रही है और उन्हीं के बीच अर्जित अनुभव को हमने इस पुस्तक में शब्द दिए हैं। उन सभी विशेषज्ञ-मित्रों का साधुवाद, जिन्होंने अपना बहुमूल्य समय अपने विचारों को इस पुस्तक में सम्मिलित करने के लिए दिया। श्री जितेंद्र शर्मा, अपने सहयोगी को उनकी ओर से दी जानेवाली हर तत्पर सहायता के लिए धन्यवाद देना चाहूँगा। अपने अन्य सहयोगी श्री संदीप कुशवाहाजी को, जहाँ आवश्यकता पड़ी, वहाँ हिंदी में अनुवाद कार्य के लिए धन्यवाद देना

चाहूँगा। श्री सौरभ कुमार श्रीवास्तव को विशेष धन्यवाद, जिन्होंने न सिर्फ टाइपिंग में हमारी मदद की, बल्कि समय-समय पर आगे बढ़कर अन्य कामों में भी बड़ी दिलचस्पी से सहयोग देते रहे। यहाँ हमारे छात्र सुधांशु एवं आनंद के सहयोग की भी प्रशंसा करना चाहूँगा।

मैं यहाँ प्रभात प्रकाशन के प्रकाशक श्री प्रभातजी का अभिनंदन एवं धन्यवाद दिए बिना अंत नहीं कर सकता, जिन्होंने इस पुस्तक के प्रकाशन की न केवल स्वीकृति दी, बल्कि बहुत त्वरित रूप से सारे कामों को आगे बढ़ाया। मैं व्यक्तिगत रूप से उनके सरल एवं मधुर व्यक्तित्व की प्रशंसा किए बिना यहाँ नहीं रह सकता। ईश्वर उन्हें बड़ी सफलता दे। मैं प्रकाशक मंडली के हर सदस्य का आभार प्रकट करना चाहूँगा, जिनके परिश्रम के बिना इस मंजिल को नहीं पाया जा सकता था।

अंत में मैं अपना सहृद आभार डॉ. अजीत प्रसादजी, डायरेक्टर, आई.आई.एम. लखनऊ के लिए करना चाहूँगा, जिन्होंने न केवल इस पुस्तक की पांडुलिपि को पूरा का पूरा पढ़ा, बल्कि उसके सुधार के लिए अपने सुझाव भी दिए और अंत में प्राक्कथन को अपने आशीर्वचनों से अनुगृहित किया।

आशा करता हूँ कि ईश्वर एवं साधु आत्माओं की प्रेरणा से फलित यह पुस्तक, MBA मेरी मंजिल, आपके द्वारा अवश्य सराही जाएगी।

—डॉ. राजीव आर. ठाकुर
डायरेक्टर
जयपुरिया इंस्टीट्यूट ऑफ मैनेजमेंट, नोएडा

अनुक्रम

1

शिक्षा-कौशल एवं परिवारिक परिवेश

वर्तमान की सामाजिक, आर्थिक व्यवस्था में किसी भी व्यक्ति की शिक्षा, कौशल ही उसके अस्तित्व का आधार बनते हैं। समाज के किसी भी क्षेत्र, किसी भी वर्ग, कैसे भी परिवेश में एक व्यक्ति तभी प्रासंगिक हो सकता है, जबकि उसके पास कोई कौशल हो और कौशल ही उसके जीवन का आधार बनता है। आज की नॉलेज इकनोमी में, चाहे वह कृषि क्षेत्र हो, मैन्युफैक्चरिंग हो या फिर सर्विसेज सेक्टर हो या कोई अन्य, सभी जगह श्रम के साथ-साथ प्रासंगिक कौशल, शिक्षा और व्यावहारिक ज्ञान का होना किसी भी व्यक्ति की सफलता के लिए आवश्यक है। उदाहरण के तौर पर अगर पारंपरिक कृषि क्षेत्र को ही लिया जाए तो आज कृषक तभी सफल हो सकता है, जबकि उसके पास आधुनिक खेती का कौशल हो और वैज्ञानिक कृषि पद्धति का ज्ञान हो। मिट्टी के स्वास्थ्य, सिंचाई तकनीक, उर्वरक, बीज से लेकर पटवन, संरक्षण के साथ-साथ भंडारण व मंडी में व्यापार की नवीनतम जानकारी ही आज के किसान को सफल व समृद्ध बना सकती है। युवा पीढ़ियों को कृषि संबंधी शिक्षा एवं कौशल से अवगत होना होगा। आज के सूचना जगत् में जहाँ एक ओर शिक्षा एवं कौशल का अर्जन सहज और सुगम हो गया है, वहीं दूसरी ओर लोगों के लिए इनको अर्जित करना उतना ही आवश्यक हो गया है। आनेवाली पीढ़ियों के लिए, खासकर, आज के युवा वर्ग के लिए ऐसी स्थिति हर क्षेत्र में है, जहाँ उसकी सफलता के लिए ज्ञान-विज्ञान, शिक्षा, कौशल इत्यादी अत्यंत महत्त्वपूर्ण हैं।

शिक्षा और कौशल के इस महत्त्व को आँकते हुए यह कहना उचित होगा

कि समाज के हर वर्ग, हर परिवार को इनके प्रति कटिबद्ध होना होगा, क्योंकि हर समाज, हरेक परिवार और प्रत्येक व्यक्ति की सरवाइवल, सफलता और समृद्धि आज के नौलेज युग में उन्हीं पर आधारित है। इस प्रकार यह वांछनीय हो जाता है कि हर परिवार अपनी आने वाली पीढ़ियों को एक उचित वातावरण दे, एक उचित परिदृश्य दे, जिसमें युवा तो युवा, बच्चे भी शिक्षा एवं अर्जित कौशल के महत्त्व को समझें तथा उस ओर अपना सारा ध्यान दें। इसके लिए सर्वप्रथम यह आवश्यक होगा कि परिवार में माता-पिता, भाई-बहन, दादा-दादी, नाना-नानी, चाचा-चाची, सभी शिक्षा के महत्त्व को समझें और उसके लिए उचित माहौल का निर्माण करें, बच्चों, युवाओं को उस ओर प्रेरित करें और हर प्रकार के आवश्यक समर्थन और संसाधन प्रदान करें। शिक्षा के प्रति बच्चों का अनुराग उसके प्रति उनकी लगन का आधार है—पारिवारिक कटिबद्धता। एक सफल छात्र के पीछे कहीं-न-कहीं एक कटिबद्ध परिवार और डिवोटेड माता-पिता या अन्य परिवारजनों का हाथ होता है।

प्रत्येक परिवार में बच्चों के लिए एक सपना होना अति आवश्यक है और यही सपना उन बच्चों के भविष्य के मार्ग का निर्णय करता है, माता-पिता के प्रयासों को, उनके तमाम संसाधनों को, उस मार्ग के निमित्त करता है। अगर कुछ असाधारण उदाहरण देखे जाएँ तो कठिन-से-कठिन परिस्थितियों में भी किसी पिता ने ऑटो चलाकर भी अपनी बेटी के लिए सी.ए. के सपने को साकार किया तो किसी दूसरी जगह माता-पिता ने विपरीत परिस्थिति में भी अपना सबकुछ लगाकर डॉक्टर, इंजीनियर, आई.ए.एस., मजिस्ट्रेट जैसे पदों पर बच्चों को स्थापित किया। यह तभी संभव हुआ, जब इन माता-पिता ने एक सपना देखा और उसको साकार करने के लिए घर के वातावरण से लेकर बच्चों की परविश एवं अपने सीमित संसाधनों को उपयोग कर, खास ध्यान दिया। ऐसा नहीं कि कुछ खास परिस्थितियों में ही ऐसे सपनों और प्रयासों की जरूरत होती है, आम परिवार से लेकर खास परिवारों तक इनकी आवश्यकता होती है, क्योंकि ये हरेक परिवार के सपने ही हैं, जो उनके भविष्य को निश्चित कर सकते हैं।

सपनों को साकार करने के लिए यह जरूरी है कि माता-पिता अपने बच्चों की स्कूली शिक्षा निश्चित करें, जो बच्चों को एक ठोस नींव प्रदान कर सके। एक अच्छी स्कूली शिक्षा निश्चित करने के लिए यह आवश्यक है कि एक ढंग के स्कूल का चुनाव हो, जहाँ बच्चों की शिक्षा के साथ-साथ उनके

चतुर्दिक विकास की संभावनाएँ मौजूद हों। बच्चों की अपनी रुचि के क्षेत्र में चाहे वह स्पोर्ट्स हो, संगीत हो, लेखन हो, वाद-विवाद, क्विज इत्यादि हो, बढ़ने की तमाम संभावनाएँ स्कूल देता है, साथ ही स्कूल में पढ़ाई पर और उससे भी ज्यादा पढ़ाई से जुड़े व्यावहारिक ज्ञान पर बल दिया जाता है। अकसर देखा गया है कि माता-पिता स्कूल के चयन में बहुत ही कैज्युअल होते हैं और स्कूल के चयन में बहुत अधिक परिश्रम नहीं करते। स्कूल का नजदीक होना, स्कूल का ब्रैंडनेम एवं तड़क-भड़क से ही माता-पिता स्कूल का निर्णय कर लेते हैं, जबकि होना यह चाहिए कि स्कूल के वातावरण, वहाँ की पढ़ाई-लिखाई की व्यवस्था, बच्चों को मिलनेवाले तमाम अवसर, बच्चों पर शिक्षकों का ध्यान, रिजल्ट, जैसे मानकों पर स्कूलों को आँका जाना चाहिए और तभी सही चयन करना चाहिए। स्कूल की पढ़ाई-लिखाई के साथ-साथ बच्चों को घर में भी एक सकारात्मक माहौल मिले, इसे माता-पिता को सुनिश्चित करना उनका कर्तव्य है। स्कूल के बाद बच्चों को घर में भी अध्ययन का माहौल मिले, यह सर्वथा आवश्यक है। स्कूल की पढ़ाई के साथ-साथ उनको अपनी रुचि के अनुसार अन्य विषयों के अध्ययन, वेबसाइट से तमाम तरह की जानकारी, खेल-कूद और अपने हॉबी के अनुरूप गतिविधियों में शामिल होने का मौका दिया जाना चाहिए। बच्चों के भविष्य के कॅरियर बनाने के लिए ये सभी बातें आवश्यक होंगी।

मेरे अनुभव में जहाँ भी इन बातों पर गौर किया जाता है, वहाँ बच्चों के लिए परिणाम अच्छे आए हैं अन्यथा अगर माता-पिता ने बातों को हलके में लिया है तो बच्चों का भविष्य या तो डाँवाँडोल रहा है या बहुत साधारण रहा, जिसकी वजह से उन्हें काफी स्ट्रगल भी करना पड़ता है। स्कूल-तो-स्कूल अगर माता-पिता घर पर भी ध्यान नहीं देते तो इस कमी का प्रभाव बच्चों पर नकारात्मक पड़ता है। घर पर बच्चों की नियमित पढ़ाई नहीं हो पाना, एक निश्चित दिनचर्या का अभाव, खेल-कूद, मित्र साथी के साथ अत्यधिक समय की बरबादी, ये सभी कुछ बच्चों के विकास में बुरा प्रभाव डालते हैं। अभिभावकों के लिए यह आवश्यक है कि वे स्कूल में चल रही पढ़ाई-लिखाई से पूरी तरह अवगत रहें, स्कूल और शिक्षकों के संपर्क में रहकर बच्चों की प्रगति का लगातार विवरण लेते रहें। जहाँ कमी हो, वहाँ बच्चों के साथ सहयोग और उनकी अच्छाइयों को प्रश्रय और बधाई, ये दोनों ही चीज आवश्यक हैं। कई बार

अभिभावकों में यह भी प्रवृत्ति देखी गई है कि बच्चों को घर के कामों में, पारिवारिक दायित्वों में बहुत अधिक उलझाकर रखते है, जिससे बच्चों का ही नुकसान होता है। स्कूल में अनियमित होना, घर में पढ़ाई पर ध्यान नहीं दे पाना और व्यर्थ में समय गँवाना, बच्चों का दिशा भ्रम कर देता है, लगभग उतना ही जितना कि बच्चा अपने मित्रों में व्यर्थ समय गँवाकर भ्रमित होता है। इसके अतिरिक्ति कुछ अभिभावाकों में यह भी देखा गया है कि वे बच्चों को सामाजिक, धार्मिक दायित्वों में भी बहुत अधिक उलझाकर रखते हैं, जिससे बच्चों के रूटीन, उनकी अनुशासित दिनचर्या पर प्रतिकूल प्रभाव पड़ता है। मेरी राय में बच्चे अगर अपने काम को ईमानदारी से करें एवं अपने जीवन के विभिन्न पहलुओं को सँवारें तो यह उनके अन्य सभी दायित्वों से बढ़कर होगा।

जब मैं नजरें घुमाकर आसपास देखता हूँ तो मेरे सामने कई ऐसे परिवार नजर आते हैं, जिनका उदाहरण मील का पत्थर साबित हो सकता है। ये ऐसे परिवार हैं, जहाँ माता-पिता ने अपना जीवन बच्चों के लिए त्याग कर दिया है। अपने जीवकोपार्जन के अलावा उनका सारा समय बच्चों के इर्द-गिर्द ही बीत रहा होता है, चाहे वह किसी भी रूप में हो। पढ़ाई-लिखाई से लेकर खेल-कूद व मनोरंजन, हर समय माता-पिता बच्चों के पास होते हैं। पढ़ाई के समय साथ बैठना, उनकी दिक्कतों को हल करना, शाम को या छुट्टियों में उनके साथ घूमने, फिल्म, टी.वी. शो इत्यादि में मनोरंजन करना देश-विदेश की मौजूदा खबरों पर चर्चा करना, पारिवारिक चर्चा करना, एक आदर्श परिवार में यह सभी कुछ देखने को मिलता है। खास तौर पर दसवीं से बारहवीं तक की परीक्षा तक, बच्चों के भविष्य निर्माण में माता-पिता, अभिभावकों का विशेष रोल होता है, जिसे सभी को बखूबी निर्वहन करना चाहिए। कॉलेज की पढ़ाई या आगे स्नातकोत्तर (पोस्ट ग्रेजुएट) पढ़ाई में बच्चों की देखरेख के साथ-साथ, स्वतंत्रता भी दी जानी चाहिए, जिससे उनके व्यक्तित्व से सेल्फ कॉन्फिडेंस और स्वतंत्र भाव पनपे, क्योंकि जीवन जीने के लिए अनुभव, विचार, शिक्षा, कौशल के अरिरिक्त आंतरिक सेल्फ कॉन्फिडेंस एवं स्वातंत्र्य का होना अत्यावश्यक है। एक बहुत अत्यधिक प्रोटेक्टिव वातावरण में पले-बड़े हुए बच्चे के लिए जीवन जीना बहुत चुनौतीपूर्ण हो जाता है, क्योंकि उसमें स्वावलंबीपन का खासा प्रभाव होता है और कहीं-न-कही अंदर से वैसा व्यक्तित्व भय-ग्रस्त, संशयग्रस्त होता है और अपने लिए निर्णय लेने में अक्षम होता है। हालाँकि यहाँ मैं बेलगाम

स्वतंत्रता से भी सावधान करना चाहूँगा, क्योंकि यही उम्र होती है, जब अधिकांश युवा अपने सँजोए सपनों एवं दिशा से भटकते भी हैं और अंततः उनके व उनके परिवार के लिए वह एक बड़ा दुष्परिणाम होता है, लेकिन स्कूली दिनों के बोए हुए मूल्यों एवं उस दौरान उनकी चहुँमुखी परवरिश कॉलेज के दिनों में वरदान साबित होते हैं और बच्चा एक जिम्मेदार युवा के रूप में अपनी जिम्मेदारियों को समझते हुए अपने कॅरियर निर्माण में सफल होता है, साथ-ही-साथ उसका वैयक्तिक व चारित्रिक निर्माण भी बड़ी ही सहजता से होता है, जो कि एक माता-पिता, अभिभावकजन, पूरे परिवार व समाज के लिए गर्व का विषय होता है और ऐसा ही प्रयास हर घर में, हर परिवार में होना चाहिए।

□

2

युवाओं के लिए कॅरियर च्वायस

आज से कुछेक दशक पूर्व को याद करता हूँ तो पाता हूँ कि देश में युवाओं के लिए नौकरी या कॅरियर की संभावनाएँ आज की तुलना में काफी सीमित थी। हालाँकि तब भी उदारीकरण के दौर के बाद उद्योग एवं निजी क्षेत्रों में संभावनाएँ खुली थीं, लेकिन मुख्यत: देश में पारंपरिक क्षेत्रों में ही अवसर उपलब्ध थे। सरकारी नौकरी, पब्लिक सेक्टर की कंपनियाँ जैसे सेल, इंडियन ऑयल, एन.टी.पी.सी., कोल इंडिया, रेलवेज, बैंकिग, एल.आई.सी., मुख्य रूप से युवाओं के लिए रोजगार एवं कॅरियर का अवसर प्रदान करते थे। इनके अलावा प्रोफेशनल क्षेत्र में डॉक्टर, इंजीनियर, सी.ए., सी.एस., मैनेजमेंट, वकील जैसे कॅरियर भी उपलब्ध थे, हालाँकि इनका विस्तार आज की तुलना में तब काफी कम था। बचे हुए अवसरों में निजी व्यवसाय भी एक था, लेकिन निजी उद्योग का दौर तब नहीं हुआ करता था। तब के प्रचलित अवसरों एवं प्रोफेशन में सरकारी नौकरी, बैंकिग में पी.ओ., डॉक्टर और इंजीनियर ही हुआ करते थे और इसका प्रमाण इस बात से हुआ करता था कि लड़कियों के शादी-विवाह के लिए मुख्य रूप से इन्हीं प्रोफेशनवाले लड़कों की तलाश होती थी। 90 के दशक के बाद उदारीकरण एवं वैश्वीकरण की नीतियों के लागू होने से, उत्तरोत्तर आज तक देश की अर्थव्यवस्था में बदलाव आया है और उसी के अनुरूप जॉब एवं कॅरियर की संभावना में भी बदलाव आया है। जहाँ एक ओर पुराने दशकों से चली आ रही संभावनाएँ जारी रहीं, निजी क्षेत्र के आगे आने से और साथ ही विदेशी कंपनियों के आने से बहुत

सी नई संभावनाओं का आगाज हुआ और कई प्रोफेशन जैसे इंजीनियरिंग, मैनेजमेंट, बैंकिंग, इंश्योरेंस, डॉक्टरी, सी.ए./सी.एस. सभी की संभावनाओं में पहले की अपेक्षा कहीं बहुत अधिक विस्तार हुआ। नए क्षेत्रों जैसे आई.टी., रिसर्च ऐंड डेवेलमेंट, कंसलटिंग हॉस्पीटेलिटी, हेल्थ केयर, टूरिज्म, फार्मा, रियल स्टेट, रिटेल का जोरों से विकास हुआ है और इसका सीधा प्रभाव इन क्षेत्रों में उपलब्ध संभावनाओं पर पड़ा है। निजी क्षेत्र में बैंकिंग व इंश्योरेंस का तेजी से विकास, ऑटोमोवील, एफ.एम.सी.जी., टेलीकॉम्यूनिकेशन, फैशन एवं एक्सेसरीज और हाल के दो-एक वर्षों में इ-कॉमर्स के अभूतपूर्व विकास से युवाओं के लिए कई नई संभावनाएँ खुली हैं। इन्फ्रास्ट्रक्चर क्षेत्र में कंस्ट्रक्शन, सड़क, बिजली, जल, डिफेंस, टेलीकॉम, एयरलाइंस आदि सेक्टरों में भी बहुत सारी नई संभावनाएँ खुली हैं। इनके अतिरिक्त पुराने कृषि क्षेत्र में भी अनाज की खेती के अलावा फल, फूल, सब्जी, पशुपालन आदि क्षेत्रों में भी कई नई संभावनाओं का विकास हुआ है। इन क्षेत्रों में न सिर्फ रोजगार के अवसर पैदा हुए हैं, बल्कि लोगों में निजी उद्यम स्थापित करने का भी रुझान बढ़ा है। इतना ही नहीं, सरकार की नई नीतियों एवं प्रश्रय का नतीजा है कि आज की युवा पीढ़ी स्वयं इंट्रेप्रेन्योर बनने में रुचि रखती है। निजी उद्यम लगाना अब सुलभ है और युवा इस क्षेत्र में बढ़-चढ़कर हिस्सा ले रहे हैं। इनके अलावा विदेशों में भी संभावनाएँ पहले की अपेक्षा काफी बढ़ी हैं और युवा वर्ग विदेशों के प्रति भी काफी आकर्षित हो रहे हैं।

देश-विदेश में उपलब्ध इन तमाम तरह की संभावनाओं में आज के युवा को अपने लिए सही और मनोनुकूल संभावना तलाशना एक बहुत बड़ी जिम्मेदारी है, जिसका परिणाम दूरगामी होता है और युवक के जीवन को प्रभावित करता है।

अत: यह आवश्यक है कि आज का युवक बड़े ही सोच-विचारकर अपना भविष्य निर्धारित करे और इन तमाम संभावनाओं में से अपने लिए एक सही कॅरियर का चुनाव करे। दसवीं कक्षा के बाद ही इस प्रकार के निर्णय का समय आ जाता है, जब एक युवक अपने हुनर और अपनी क्षमता के साथ-साथ अपनी रुचि के अनुरूप अपने कॅरियर का चुनाव करता है। इस चयन की प्रक्रिया में प्रत्येक युवक को खासी समझदारी बरतनी चाहिए और दसवीं कक्षा के युवक की समझदारी एवं उसके अनुभव के स्तर को देखते

हुए यह आवश्यक है कि वह युवक अपने माता-पिता, अभिभावक जन, शिक्षक-जन एवं अन्य हितैषियों से सलाह-मशविरा करे। शुभेच्छुओं में अपने बड़ों के अलावा अपने से उम्र में तीन-चार साल बड़े युवाओं से उनके अनुभवों का ज्ञान लेना लाभप्रद होता है, क्योंकि उनका अनुभव औरों की अपेक्षा सामयिक और प्रासंगिक होता है। आज के युग में विशेषज्ञों से भी राय ली जा सकती है, जिन्हें एक व्यक्ति या युवा के गुणों को समझकर उचित कॅरियर की सलाह देने की महारत हासिल होती है। इसके लिए विशेषज्ञों द्वारा कई प्रकार के लिखित, मौखिक और मनोवैज्ञानिक टेस्ट भी ईजाद किए गए हैं, जिनके परिणामों के आधार पर यह निष्कर्ष निकाला जा सकता है कि एक बच्चे या एक युवा के लिए कौन सा कॅरियर, कौन सा प्रोफेशन ज्यादा फायदेमंद होगा—मसलन डॉक्टरी, इंजीनियरिंग, मैनेजमेंट, प्रशासनिक, वकालत आदि-आदि। अत: एक युवक के लिए आवश्यक है कि वह इन प्रक्रियाओं से गुजरे और एक निश्चित राय तक पहुँचे। दसवीं कक्षा के बाद दो वर्षों का समय बहुत ही बहुमूल्य एवं क्रिटिकल होता है, जब तक कि एक छात्र अपनी बारहवीं की परीक्षा न दे ले। वस्तुत: एक छात्र को दसवीं की परीक्षा के साथ-साथ ही यह निर्णय करना होता है कि आगे उसे साइंस, आर्ट्स या कॉमर्स में से कौन सा स्ट्रीम लेना है और जैसा मैंने ऊपर भी कहा, इसका निर्णय प्रत्येक छात्र को अपनी रुचि, हुनर व क्षमता के अनुरूप करना चाहिए।

दसवीं तक की पढ़ाई एवं तब तक के उसके परिणाम व छात्र में बनी रुचि स्ट्रीम के चुनाव में अहम् भूमिका निभाते हैं। साइंस स्ट्रीम का विद्यार्थी मुख्यत: इंजीनियरिंग, डॉक्टरी, या साइंस स्ट्रीम में ही उच्च शिक्षा यानी कि ग्रेजुएशन, पोस्ट ग्रेजुएशन पी.एच-डी. इत्यादि का लक्ष्य रखता है। उसी प्रकार से आर्ट्स स्ट्रीम वालों के लिए उच्च शिक्षा के साथ-साथ भिन्न-भिन्न प्रतियोगी परीक्षाओं का अवसर होता है। आर्ट्स स्ट्रीम के युवाओं को अकसर प्रशासनिक क्षेत्र, बैंकिंग क्षेत्र, मैनेजमेंट क्षेत्र, शिक्षण के क्षेत्र में प्रयास करते देखा गया है। कॉमर्स स्ट्रीम के विद्यार्थी उच्च शिक्षा के अलावा अपना कॅरियर सी.ए., सी.एस., कॉस्ट अकाउंटेंसी, मैनेजमेंट आदि क्षेत्रों में चुनते हैं। इन सभी बातों की जानकारी बच्चों-युवाओं को बारीकी से दी जानी चाहिए, जिससे उनको निर्णय करने में एक दृष्टिकोण मिले। उन पर किसी भी प्रकार का निर्णय थोपना सर्वथा अनुचित होगा और अकसर यह देखा गया है कि थोपा हुआ निर्णय

नुकसानदेह होता है। साइंस स्ट्रीम के बच्चे प्लस टू, यानी ग्यारहवीं और बाहरवीं कक्षा में फिजिक्स, केमिस्ट्री के साथ या तो गणित लेते हैं या फिर बायोलॉजी। गणित लेनेवाले अधिकांश बच्चे इंजीनियरिंग को अपना कॅरियर चुनते हैं और बायोलॉजी के बच्चे मेडिकल को अपना कॅरियर बनाते हैं। दोनों के लिए ही प्लस टू की पढ़ाई और उसके साथ-साथ प्लस टू की परीक्षा के बाद होने वाले नामांकन के लिए सभी कंपीटीशन की परीक्षाएँ बहुत ही महत्त्व रखती हैं। जहाँ एक ओर प्लस टू की बोर्ड परीक्षा में ऊँचे प्रतिशत लाने की प्रतिस्पर्द्धा होती है तो दूसरी ओर आई.आई.टी. एवं पी.एम.टी. जैसे कंपीटीशन में सफल होने का कड़ा संघर्ष होता है, क्योंकि इन परीक्षाओं में अच्छी रैंक लाकर ही किसी अच्छे संस्थान में नामांकन संभव है। प्लस टू की परीक्षा में अच्छा करने के लिए स्कूल में नियमित रहना, एन.सी.ई.आर.टी. की किताबों का गहन अध्ययन करना, इनके अतिरिक्त प्रचलित किताबों का अध्ययन एवं पिछले वर्षों के प्रश्न-बैंक को हल करना नितांत आवश्यक होता है। शिक्षकों से लगातार मार्गदर्शन भी आवश्यक होता है। आजकल लगभग हर शहर, हर मुहल्ले में बच्चों को अलग से कोचिंग के लिए जाता हुआ देखा जा सकता है और अकसर बच्चे इसका लाभ बताते हैं। आई.आई.टी. या अन्य इंजीनियरिंग कॉलेज की तैयारी के लिए बच्चे फिटजी, विद्या मंदिर, पेस, बंसल, चैतन्या जैसे प्रसिद्ध राष्ट्रीय स्तर के कोचिंग संस्थानों को ज्वॉइन करते हैं और उसका लाभ उन्हें कंपीटीशन की परीक्षाओं में मिलता है। वहीं मेडिकल के लिए आकाश जैसे संस्थान कहीं अधिक सफल माने जाते हैं। बच्चों के लिए यह आवश्यक है कि साइंस स्ट्रीम लेने से पहले काफी सोच-विचार लें और एक बार स्ट्रीम ले लिया तो दो साल लगातार कड़ी मेहनत करने की ठान लें। लगातार परिश्रम और नियमपूर्वक किया गया अध्ययन ही इच्छित परिणाम ला सकता है। यहाँ यह भी उल्लेखनीय है कि सभी कंपीटीशन की परीक्षाएँ अप्रैल माह में या उसके बाद होती हैं और इनके लिए फॉर्म नवंबर माह या उसके बाद जनवरी तक भरे जाते हैं। नामांकन की प्रक्रिया रिजल्ट आने के बाद जून-जुलाई में काउंसलिंग पद्धति से संपन्न होती है।

कॉमर्स स्ट्रीम के विद्यार्थी भी प्लस टू में कॉमर्स की पढ़ाई पूरी कर बोर्ड में अच्छे अंक प्रतिशत लाने का उद्देश्य रखते हैं, क्योंकि अंडर ग्रेजुएट में नामांकन के लिए दिल्ली विश्वविद्यालय या अन्य विश्वविद्यालयों में काफी ऊँचे प्रतिशत

की आवश्यकता होती है। कॉमर्स ग्रेजुएट्स आगे चलकर सी.ए. या सी.एस. की डिग्री हासिल करने में लग जाते हैं, जिसके लिए आर्टिकलशिप के साथ-साथ अलग-अलग परीक्षाएँ भी पास करनी होती हैं, जो आसान भी नहीं हैं। इनसे अलग बच्चे ग्रेजुएशन के बाद मैनेजमेंट या पोस्ट ग्रेजुएशन करते हैं।

आर्ट्स स्ट्रीम के बच्चों को भी प्लस टू में काफी मेहनत की जरूरत होती है, क्योंकि ग्रेजुएशन में नामांकन के लिए काफी ऊँचे प्रतिशत की आवश्यकता होती है। आगे चलकर भिन्न-भिन्न नौकरियों की कंपीटीशन परीक्षाओं में भी प्लस टू स्तर के प्रश्न शामिल किए जाते हैं। आर्ट्स या साइंस स्ट्रीम से ग्रेजुएशन में जानेवाले बच्चों के सामने कई विषयों का ऑप्शन होता है। मसलन, अर्थशास्त्र, समाजशास्त्र, मनोविज्ञान, राजनीति शास्त्र, इतिहास, अंग्रेजी साहित्य, हिंदी साहित्य, संस्कृत आदि-आदि। इनके अलावा साइंस स्ट्रीम वाले छात्र फिजिक्स, केमिस्ट्री के किसी मैथमेटिक्स, सांख्यिकी, ऑपरेशन रिसर्च, जुलोजी, ज्यूलोजी, लाइफसाइंसेज आदि की पढ़ाई कर सकते हैं। ग्रेजुएशन में नामांकन की प्रक्रिया हर विश्वविद्यालय की अलग-अलग होती है, हालाँकि मुख्य रूप से अंक प्रतिशत के आधार पर ही अधिकांश जगह नामांकन होता है। कई विश्वविद्यालय में, उदाहरण के लिए दिल्ली विश्वविद्यालय में, कुछेक विषयों के लिए या फिर कुछेक कॉलेजों के लिए लिखित परीक्षा या साक्षात्कार अलग से कराए जाते हैं। दिल्ली विश्वविद्यालय सरीखे देश के सुप्रसिद्ध विश्वविद्यालय से ग्रेजुएशन की पढ़ाई का भी अच्छा लाभ होता है और तीन वर्ष के अंत में फाइनल ईयर में प्लेसमेंट की भी संभावना अब होने लगी है। देश-विदेश की कंपनियाँ काफी अच्छी तनख्वाह पर बच्चों को नौकरी देती हैं और यह बदलाव मुख्य रूप से हाल के वर्षों में देखा जाने लगा है। पहले के वर्षों में, उदाहरण के लिए एक अर्थशास्त्र ग्रेजुएट के लिए सीमित और संघर्षशील संभावनाएँ रहती थीं। एक मेहनतकश अर्थशास्त्र का ग्रेजुएट सिविल सर्विसेज की परीक्षा से शुरुआत करता था और अगर वहाँ उत्तीर्ण घोषित हुआ तो ठीक अन्यथा और संभावनाएँ तलाशनी होती थीं। अन्य संभावनाओं में आई.ई.एस. की परीक्षा से लेकर बैंकिंग, आर.बी.आई., सेल, सिडबी की परीक्षाएँ हुआ करती थीं, अन्यथा वह लेक्चररशिप के लिए कोशिश किया करता था। आज जहाँ ये सभी संभावनाएँ कमोबेश मौजूद हैं, कैंपस प्लेसमेंट की वजह से और भी कई संभावनाएँ खासकर देश-विदेश की कंपनियों में बढ़ी हैं। अर्थशास्त्र

जैसे कुछेक विषयों के अतिरिक्त विषयों को आँका जाए, जैसे इतिहास, राजनीति शास्त्र, समाजशास्त्र इत्यादि तो संभावनाएँ आज भी काफी हैं। ग्रेजुएशन के बाद एक और संभावना खुली है, वह है लॉ की, हालाँकि अब 5 वर्षीय इंटीग्रेटेड कोर्स ज्यादा प्रचलित हो चला है।

यहाँ यह भी बताना महत्त्वपूर्ण होगा कि हाल के दशकों में सामान्य ग्रेजुएशन विषयों के अलावा कई प्रोफेशनल कोर्सेज का प्रचलन बढ़ा है और वैसे ग्रेजुएट्स की माँग भी बढ़ी है। बी.बी.ए., बी.सी.ए, फैशन डिजाइनिंग, होटल मैनेजेंट, पैरा मेडिकल्स और कई अन्य वोकेशनल कोर्स काफी प्रचलित हुए हैं और बच्चे इन्हें सामान्य ग्रेजुएशन की अपेक्षा ज्यादा प्रश्रय दे रहे हैं।

निष्कर्ष यह है कि वर्तमान और भविष्य की सामाजिक-आर्थिक परिस्थितियों में युवाओं के लिए संभावनाओं की कमी नहीं है, बल्कि आनेवाली संभावनाएँ उत्तरोत्तर बढ़ेंगी। नए क्षेत्र, नए कौशल क्षेत्रों में, युवाओं के लिए कॅरियर बनाने की संभावना होगी। विदेशों में भी संभावनाएँ और खुलेंगी। आवश्यकता सिर्फ इस बात की है कि हर युवा लगनशील होकर एक निश्चित दिशा को तय कर परिश्रम करे। उसका सफल होना तय होगा। हाँ, दिशा निश्चित करने के क्रम में, मेहनत या अध्ययन के क्रम में पूरी और सही जानकारी लेता रहे, यह महत्त्वपूर्ण है।

□

3

MBA, कैसी है यह मंजिल

केशव जब अपने पड़ोस के शिवम भैया के घर पहुँचा तो वहाँ उत्सव का सा माहौल था। हँसी-खुशी के साथ मिठाई बाँटी जा रही थी और आनेवाले लोग शिवम को बधाई दे रहे थे और उसके माता-पिता के सामने उसकी सफलता का बखान कर रहे थे। शिवम, जो देश के सुप्रसिद्ध मैनेमेंट कॉलेज से पढ़ाई कर रहा था, उसकी कैंपस प्लेसमेंट हो गई थी, यानी कि कॉलेज से ही उसे नौकरी लग गई थी और अगले अन्य महीनों में पढ़ाई पूरी कर उसे नौकरी ज्वॉइन करना था। देश की एक बड़ी मल्टी नेशनल कंपनी ने शिवम का चयन किया था और काम के साथ-साथ उसे मिलनेवाली तनख्वाह भी अच्छी खासी थी। शिवम के माता-पिता फूले नहीं समा रहे थे और शिवम भी अत्यधिक प्रसन्न नजर आ रहा था। ग्रेजुएशन की पढ़ाई के बाद मैनेजमेंट कॉलेज में दाखिले के लगभग 18/20 महीनों के अंतराल में ही उसे एक अच्छी प्रतिष्ठित नौकरी मिल गई थी और अब देश-विदेश के कुछ चुनिंदा कॉरपोरेट जगत् के लीडरों के समान सफल बनने के सपने देखने लगा था, जिनकी प्रतिष्ठा विश्व प्रसिद्ध थी। शिवम भैया की इस सफलता पर केशव खुश हो रहा था, वहीं भविष्य को लेकर और खासकर मैनेजमेंट की पढ़ाई और उससे संबंधित कॅरियर को लेकर उसकी उत्सुकता बढ़ती जा रही थी। शिवम भैया उसके मित्र सरीखे ही नहीं, बल्कि उसके आदर्श भी रहे थे। उनकी सफलता ने केशव की जिज्ञासा और उत्सुकता को काफी बढ़ा दिया था और वह मैनेजमेंट से संबंधित कॅरियर व पढ़ाई के विषय में ज्यादा-से-ज्यादा

जानकारी हासिल करना चाहता था।

आगे की चर्चा केशव सरीखे देश के लाखों युवाओं के संदर्भ में है, जिनकी जिज्ञासा और उत्सुकता मैनेजमेंट की पढ़ाई और कॅरियर है और आज की तारीख में और आनेवाले भविष्य में भी मैनेजमेंट संबंधित कॅरियर की संभावना बहुत बड़ी आँकी गई है, जो युवा वर्ग के लिए अच्छी बात है और वे निश्चय ही मैनेजमेंट को अपने कॅरियर के रूप में चुन सकते हैं। देश-विदेश की बढ़ती अर्थव्यवस्था, बढ़ते हुए व्यापार और बाजार, लोगों एवं समाज में बढ़ती हुई माँगों; सभी का मिला-जुला प्रभाव कॉरपोरेट जगत् पर सकारात्मक पड़ा है और कंपनियाँ, उद्योग, व्यापार; सभी कुछ समय के साथ बढ़ रहे हैं और उनको चलानेवाले उनका संचालन करनेवाले मैनेजरों की भी माँग बढ़ती जा रही है। मैनेजर या मैनेजमेंट से जुड़ी हर प्रकार के रोजगार की माँग सिर्फ निजी क्षेत्र में ही नहीं, बल्कि सरकारी तंत्र या पब्लिक सेक्टर में बड़ी तीव्र गति से बढ़ती जा रही है। सरल शब्दों में वस्तुओं को बेचने का काम हो या उनकी मार्केटिंग या विज्ञापन का काम हो, पैसे का लेखा-जोखा हो या फाइनेंस सँभालना हो, कंपनी के लिए लोगों को बहाल करना हो या उसके मानव संसाधन को सँभालना हो, हर जगह मैनेजर की आवश्यता होती है और उसके लिए कुशल और अनुभवी लोगों की काफी पूछ होती है। कंपनी, सरकार, एन.जी.ओ., पब्लिक सेक्टर, हर एक को आज अपने विभिन्न कामों के लिए अच्छे कुशल मैनेजर की आवश्यकता है।

कुशल एवं अनुभवी मैनेजरों को इस बढ़ती मात्रा को देखते हुए अपने देश में मैनेजमेंट एक कॅरियर के रूप में प्रचलित हुआ है और आज का युवा, चाहे वह किसी भी फील्ड-इंजीनियरिंग, साइंस, आर्ट्स, कॉमर्स से हो, मैनेजमेंट को अपने कॅरियर के रूप में अपना रहा है। मैनेजमेंट कॅरियर के लिए देश में कुछ संस्थान मौजूद हैं, मूलतः चार प्रकार के संस्थान हैं। पहली श्रेणी में देश का शीर्षस्थ संस्थान आई.आई.एम. है, जिसकी संख्या आज की तारीख में 12 है, जिनमें से अहमदाबाद, बैंगलोर, कोलकाता और लखनऊ, चार आई.आई.एम. पुराने और प्रतिष्ठित माने जाते हैं। आई.आई.एम. के बाद इनसे अलग देश में ए.आई.सी.टी. से मान्यताप्राप्त स्वायत्त संस्थान हैं, जिनकी संख्या आज लगभग 300 है और वे सभी पोस्ट ग्रेजुएट डिप्लोमा इन मैनेजमेंट प्रोग्राम चलाते हैं। इस श्रेणी में कुछ चुनिंदा और अग्रणी संस्थानों के नाम परिशिष्ट-1 में दिए गए हैं।

देश में रैंकिंग प्रकाशित करनेवाली कुछ मैगजीन जैसे बिजनेस इंडिया, बिजनेस वर्ल्ड, कंपीटीशन सक्सेस रिव्यू आदि में इनकी सूची देखी जा सकती है या मैनेजमेंट संस्थाओं से संबंधित वेबसाइट पर इन संस्थानों की सूची देखी जा सकती है। परिशिष्ट की कुछ गिनी हुई संस्थानों के अलावा मैनेजमेंट संस्थान देश के लगभग हर राज्य में स्थापित हैं। यह अलग बात है कि उनकी गुणवत्ता या उनकी साख में अंतर पाया जाता है।

तीसरी श्रेणी के वे संस्थान कहे जा सकते हैं, जिनका संबंध देश की किसी-न-किसी यूनिवर्सिटी से है और जो एम.बी.ए. की डिग्री देते हैं। इस श्रेणी में दिल्ली विश्वविद्यालय के एफ.एम.एस. के अलावा आई.आई.टी. के मैनेजमेंट डिपार्टमेंट्स मुख्य रूप से शामिल हैं। इनके अलावा निजी विश्वविद्यालय जैसे ICFAI, नारसी मोहनजी मुंबई भी शामिल किए जा सकते है। चौथी श्रेणी में ISB Hyderabad, जैसे विश्व प्रसिद्ध संस्थान भी हैं, जिनकी कॉरपोरेट जगत् में काफी मान्यता है, हालाँकि न तो ये किसी यूनिवर्सिटी से जुड़े हैं, न इनकी मान्यता ए.आई.सी.टी. से ही है।

इन चार श्रेणियों की संस्थाएँ, जो पी.जी. की शिक्षा देती हैं, के अलावा अंडर ग्रेजुएट स्तर की शिक्षा देनेवाले संस्थानों की भी देश में भरमार है, जो बी.बी.ए. की डिग्री प्रदान करते हैं। इनमें दाखिला 12वीं की परीक्षा के बाद हो जाता है और छात्र बी.बी.ए. की डिग्री लेकर पी.जी. की पढ़ाई के लिए एम.बी.ए. या पी.जी.डी.एम. की पढ़ाई करते हैं।

इन चार श्रेणियों के पोस्ट ग्रेजुएट कोर्स में से एम.बी.ए. प्रदान करनेवाला कोर्स, जो कि यूनिवर्सिटी से संबंध रखता है, डिग्री कोर्स होता है। आई.आई.एम. सहित अन्य संस्थान, जो कि पोस्ट ग्रेजुएट डिप्लोमा इन मैनेजमेंट कोर्स कराते हैं, वे कोर्स के पूरा होने पर डिप्लोमा प्रदान करते हैं। व्यावहारिक दृष्टिकोण से जहाँ तक रोजगार के अवसर का प्रश्न है, दोनों ही डिग्री या डिप्लोमा में कोई अंतर नहीं है, बल्कि वस्तुस्थिति यह है कि आई.आई.एम. एवं डिप्लोमा देनेवाले अन्य मैनेजमेंट संस्थानों से रोजगार का कहीं बेहतर अवसर मिलता है। हाँ, किसी को अगर और उच्च शिक्षा लेनी हो, यानी कि पी.एच-डी., उसमें साधारण डिप्लोमा योग्य नहीं होता, वहाँ सिर्फ एम.बी.ए. डिग्रीवाले ही योग्य माने जाते हैं लेकिन डिप्लोमा के संदर्भ में यह सीमा भी लागू नहीं रहती, अगर किसी भी संस्थान के डिप्लोमा को एसोसिएशन ऑफ यूनिवर्सिटीज

(ए.आई.यू.) ने एम.बी.ए. के समकक्ष मान्यता प्रदान की हुई हो। ए.आई.यू. द्वारा मान्यताप्राप्त डिप्लोमा कोर्स से मिले हुए डिप्लोमा से कोई भी पी.एच-डी. कर सकता है, क्योंकि उस डिप्लोमा की मान्यता डिग्री के तुल्य होती है। इसके लिए किसी भी संस्थान को ए.आई.यू. में आवेदन कर अपने डिप्लोमा की डिग्री के समकक्ष मान्यता लेनी होती है।

जैसा कि पहले भी उल्लेख किया गया, एम.बी.ए. कोर्स चला रही संस्था का किसी-न-किसी यूनिवर्सिटी से जुड़ा होना आवश्यक होता है। यूनिवर्सिटी सरकारी या निजी, दोनों में से कोई भी हो सकती है। पोस्ट ग्रेजुएट डिप्लोमा इन मैनेजमेंट (पी.जी.डी.एम.) कोर्स आई.आई.एम. के अलावा अन्य संस्थान चलाते हैं। आई.आई.एम. के पी.जी.डी.एम. कोर्स स्वतंत्र रूप से मान्यता प्राप्त हैं, लेकिन बाकी सभी संस्थाओं को अपने पी.जी.डी.एम. कोर्स के लिए प्रत्येक वर्ष ए.आई.सी.टी. से कोर्स को मान्यता लेनी होती है। ध्यान रहे कि मान्यताप्राप्त कोर्स नहीं होने से रोजगार के अवसर भी अकसर नहीं मिलते, सिर्फ आई.एस.बी. हैदराबाद जैसे संस्थानों को छोड़कर, जिनकी अपनी साख ही उद्योग जगत् में बहुत अधिक है, जिनका आधार ही उनकी गुणवत्ता होती है। अतः हर छात्र एवं अभिभावक के लिए यह आवश्यक है कि किसी भी कोर्स के लिए वे ए.आई.सी.टी. की मान्यता को अच्छी तरह जाँच-परख लें। यह जानकारी संस्थान की वेबसाइट पर उपलब्ध होती है या फिर ए.आई.सी.टी. से भी पता किया जा सकता है। जरूरत पड़ने पर संस्थान से कोर्स को प्राप्त मान्यता से संबंधित पत्र भी माँगा जा सकता है। यहाँ एक और बात ध्यान रखने की होती है कि यह मान्यता संस्थान को नहीं होती है, बल्कि संस्थान में चल रहे कोर्स की होती है। कई बार अधिकतर संस्थानों में मैनेजमेंट के एक से अधिक कोर्स चल रहे होते हैं (मसलन, पी.जी.डी.एम., पी.जी.डी.एम. (फाइनेंस), पी.जी.डी.एम. (मार्केटिंग), पी.जी.डी.एम. (रिटेल), पी.जी.डी.एम. (सर्विसेस मार्केटिंग) इत्यादि, इत्यादि), जिनमें नामांकन अलग-अलग होता है। ऐसे सभी कोर्स की मान्यता किसी भी संस्थान को ए.आई.सी.टी. से अलग-अलग लेनी होती है। कई बार एक ही संस्था में चल रहे तीन या चार कोर्स में से एक या दो को ही मान्यता मिली होती है, बाकी मान्यता के बिना ही चल रहे होते हैं। छात्रों को ऐसी मान्यता के बिना चल रहे कोर्स में दाखिला नहीं लेना चाहिए। अतः ध्यान रहे कि किसी भी संस्थान में नामांकन के लिए

सर्वप्रथम वहाँ चल रहे मैनेजमेंट कोर्स की मान्यता की जानकारी लेनी चाहिए। इसके बाद अगर भविष्य में कोई पी.एच-डी. करने की इच्छा रखता हो या पी.जी.एम. करने की इच्छा रखता हो तो पी.जी.डी.एम. कोर्स की ए.आई.यू. से मान्यता की जानकारी लेना आवश्यक हो जाता है। ए.आई.यू. की मान्यता डिप्लोमा को एम.बी.ए. डिग्री के समकक्ष बना देती है।

इनके अतिरिक्त अगर संस्थान और कोर्स की गुणवत्ता की परख करनी हो तो दो मान्यताओं पर ध्यान देने की आवश्यकता होगी। नेशनल बोर्ड ऑफ एक्रेडिटेशन (एम.बी.ए.) से मान्यताप्राप्त कोर्स गुणवत्ता में बाकी की अपेक्षा श्रेष्ठ माना जाता है। उसी प्रकार संस्थान या कोर्स की गुणवत्ता एन.ए.ए.सी. की मान्यता से भी आँकी जाती है और इन सबसे ऊपर अगर किसी संस्थान या कोर्स की मान्यता अंतरराष्ट्रीय एंजेसीज (ए.एम.बी.ए., एस.ए.क्यू.एस.जी.) द्वारा स्थापित हो तो उनकी श्रेष्ठता और भी अधिक स्थापित हो चुकी होती है। इनके अलावा गुणवत्ता या बेहतर संस्थान के कई और मानक हैं, जिनकी चर्चा आगे अलग से नामांकन विषय के अंतर्गत की जाएगी।

□

4

MBA में नामांकन एवं तैयारी

एम.बी.ए. अथवा पी.जी.डी.एम. दोनों ही कोर्स पोस्ट ग्रेजुएशन के कोर्स हैं, जिनमें नामांकन ग्रेजुएशन की डिग्री मिलने के बाद ही होता है। ये कोर्स दो वर्ष के होते हैं और आमतौर पर जून के मध्य या जुलाई माह के बीच कोर्स की शुरुआत होती है। कुछेक यूनिवर्सिटी के एम.बी.ए. कोर्स अगस्त या सितंबर में भी शुरू होते हैं। इनमें नामांकन की प्रक्रिया, एक साल पहले सितंबर माह से ही शुरू हो जाती है। उदाहरण के लिए सत्र 2017 में शुरू होनेवाले कोर्स की नामांकन प्रक्रिया, 2016 के सितंबर माह में ही शुरू हो जाएगी। इच्छुक छात्रों को यह भी जान लेना आवश्यक है कि ये कोर्स फुल टाइम कोर्स हैं और इनमें नामांकन के बाद, साथ-साथ कोई और फुल टाइम कोर्स नहीं किया जा सकता है। यह कोर्स जून-जुलाई से प्रारंभ होकर दूसरे वर्ष के अप्रैल-मई माह में समाप्त होता है और कैंपस प्लेसमेंट होने की स्थिति में तुरंत ही कंपनी ज्वॉइन करनी होती है। इस बीच लगभग दो वर्ष की अवधि में छह ट्राईमेस्टर (चार माह) या चार सेमेस्टर (छह महीने) के प्रारूप में पूरे कोर्स की पढ़ाई होती है। प्रत्येक ट्राईमेस्टर या सेमेस्टर के बाद परीक्षाएँ होती हैं और सभी परीक्षाओं के कुल परिणाम के आधार पर फाइनल परिणाम छात्रों को मिलता है। प्रथम वर्ष के अंत में जबकि तीन ट्राईमेस्टर या दो सेमेस्टर पूरे हो चुके होते हैं, छात्र छह से आठ हफ्ते के लिए समर इंटर्नशिप पर जाते हैं, जिसमें किसी कंपनी से जुड़कर ट्रेनिंग करनी होती है और इसका आकलन भी अलग से होकर फाइनल परिणाम में जुड़ता है। अत: छात्रों को समर इंटर्नशिप के प्रति काफी सजग रहना होता है और नियमपूर्वक

काम करना होता है। इस तरह अगर देखा जाए तो इन दो वर्षों में छात्रों के पास किसी भी तरह की लंबी छुट्टी की गुंजाइश नहीं होती है और पूरे दो वर्ष का समय इस कोर्स को पूरा करने के लिए देना होता है।

एम.बी.ए. अथवा पी.जी.डी.एम. दोनों ही कोर्स के लिए न्यूनतम आवश्यक शैक्षणिक योग्यता ग्रेजुएशन है और एक छात्र को कम-से-कम 50 प्रतिशत अंक से ग्रेजुएशन उत्तीर्ण होना चाहिए। SC/ST या OBC श्रेणी के छात्रों को इसमें राहत है और 50 प्रतिशत अंक से कम वाले छात्र भी योग्य माने जाते हैं। 12वीं कक्षा या दसवीं कक्षा में उत्तीर्ण होना आवश्यक है, जो स्वाभाविक है, हालाँकि इन परीक्षाओं के लिए अंकों की कोई न्यूनतम आवश्यकता नहीं रखी गई है। जो छात्र वर्तमान सत्र में ही ग्रेजुएशन की परीक्षा दे रहे हैं, वे भी नामांकन के लिए आवेदन दे सकते हैं। चुने जाने पर प्रोविजनल नामांकन दिया भी जा सकता है, लेकिन सत्र के सितंबर माह तक उन्हें अपना रिजल्ट जमा करना होता है अन्यथा कोर्स छोड़ना पड़ता है।

उपर्युक्त मानक को पूरा करनेवाले योग्य छात्र संस्थाओं में आवेदन कर सकते हैं। आवेदन सभी संस्थाओं में अलग-अलग करना होता है। आवेदन की प्रक्रिया मुख्य रूप से हरेक संस्थान में ऑनलाइन ही होने लगी है। कोर्स से संबंधित ब्रोशर भी ऑनलाइन प्राप्त किए जाते हैं और आवेदन की फीस भी ऑनलाइन ही देनी होती है। आवेदन का समय सितंबर माह से शुरू हो जाता है, लेकिन इनका आरंभ होने और अंतिम तिथि संस्थान की वेबसाइट से ही पता करनी होती है।

न्यूनतम योग्यता को पूरा करनेवाले छात्रों को नामांकन के लिए संस्थानों में आवेदन के अलावा नामांकन हेतु होनेवाली परीक्षाओं में उत्तीर्ण होना होता है और मेरिट लिस्ट के अनुसार विभिन्न संस्थान छात्रों को नामांकन का अवसर देते हैं। नामांकन हेतु बहु-स्तरीय परीक्षाएँ छात्रों को देनी होती हैं। सर्वप्रथम लिखित परीक्षा देनी होती है, जिसके अंकों के आधार पर संस्थान छात्रों को अगले स्तर पर परीक्षाओं के लिए आमंत्रित करते हैं। अगले स्तर पर परीक्षाओं में ग्रुप डिस्कशन और साक्षात्कार (पर्सनल इंटरव्यू) शामिल किए जाते हैं। अंत में लिखित परीक्षा, ग्रुप डिस्कशन एवं साक्षात्कार तीनों के अंकों के आधार पर नामांकन दिया जाता है। मेरिट लिस्ट बनाने में संस्थाओं द्वारा अपनाए गए विभिन्न फार्मूले में एक फार्मूला ऐसा हो सकता है, जिसमें लिखित परीक्षा के

अंकों का वेटेज 50 प्रतिशत हो, ग्रुप डिस्कशन के अंकों का वेटेज 20 प्रतिशत हो और उतना ही वेटेज साक्षात्कार का हो। 100 में शेष 10 प्रतिशत वेटेज वर्क एक्सपीरिएंस (यानी कि पूर्व में अर्जित कार्यानुभव) को दिया जाता है। इस प्रकार 100 के कुल मापदंड पर छात्रों का प्रतिशत निकाला जाता है और मेरिट लिस्ट बनाई जाती है। संस्थानों पर यह पूरी तरह निर्भर करता है कि वे किस प्रकार के फार्मूले को अपनाते हैं। मेरिट लिस्ट में ही संस्थान में उपलब्ध सीटों के अनुसार आवेदन किए हुए छात्रों को नामांकन का अवसर दिया जाता है।

एम.बी.ए. अथवा पी.जी.डी.एम. कोर्स के नामांकन के लिए लिखित परीक्षा राष्ट्रीय स्तर पर आयोजित होती है और इसको आयोजित करनेवाली अलग-अलग एजेंसियाँ होती हैं। सर्वप्रथम आई.आई.एम. संस्थानों में नामांकन हेतु आई.आई.एम. द्वारा ही जो लिखित परीक्षा आयोजित की जाती है, उसे CAT के नाम से जाना जाता है Common Admission Test (कॉमन एडमिशन टेस्ट)। CAT की परीक्षा में उत्तीर्ण होकर और उसमें अर्जित अंकों के आधार पर ही आई.आई.एम. में होनेवाली प्रक्रिया में शामिल हुआ जा सकता है। CAT की परीक्षा साल में एक बार आयोजित होती है, अधिकांशत: नवंबर माह में। परीक्षा आजकल ऑनलाइन होती है और उसका पैटर्न वस्तुनिष्ठ होता है। परीक्षा की अवधि 3 घंटे की होती है। 200-300 के कुल अंकों के प्रश्न-पत्र में तीन या चार सेक्शन होते हैं, जिनका विवरण नीचे दिया गया है।

CAT परीक्षा को आई.आई.एम. के अलावा देश के कई अग्रणी एवं अन्य संस्थान नामांकन प्रक्रिया का आधार बनाते हैं। CAT से अलग हटकर और भी कई मुख्य परीक्षाएँ हैं—MAT, CMAT, ATMA जो नामांकन प्रक्रिया में संस्थानों द्वारा शामिल किए जाते हैं। ये सभी परीक्षाएँ अलग-अलग एजेंसियों या संस्थानों द्वारा अलग-अलग समय पर आयोजित होती हैं। MAT (Management Aptitude) परीक्षा ऑल इंडिया मैनेजमेंट एसोसिएशन (AIMA) द्वारा आयोजित होती है, उसी प्रकार CMAT, AICTE और XAT, XLRI जमेशदपुर द्वारा आयोजित होती हैं। इन सभी की मान्यता राष्ट्रीय संस्थानों द्वारा होती है। सभी संस्थान इन सभी परीक्षाओं के अंकों को मान्यता देते हैं। अब यह छात्रों को निर्णय करना होता है कि वे किन परीक्षाओं में शामिल होना चाहते हैं और उसी के अंक के आधार पर वे संस्थानों की नामांकन प्रक्रिया में शामिल होते है। एक छात्र एक से अधिक परीक्षाओं में शामिल होकर बेहतर अंकवाली परीक्षा को

अपने नामांकन का आधार बना सकता है। आई.आई.एम. को छोड़कर बाकी सभी संस्थान इन परीक्षाओं को मान्यता देते हैं और इनमें से किसी भी एक अंक के आधार पर छात्रों को नामांकन प्रक्रिया में शामिल करते हैं। जहाँ तक इन परीक्षाओं के पैटर्न का प्रश्न है, सभी लगभग CAT के पैटर्न पर ही अपना पैटर्न और सेक्संस निश्चित करते हैं। प्रश्नों की सरलता या क्लिष्टता का फर्क पाया जाता है, लेकिन सभी वस्तुनिष्ठ और ऑनलाइन ही होते हैं।

MAT की परीक्षा एक सत्र के दौरान चार बार होती है। सितंबर, दिसंबर, फरवरी और मई माह में और छात्र इन चारों परीक्षाओं में से कोई एक देकर उनके अंक के आधार पर नामांकन पा सकता है। अंक कम आने पर, दूसरे आगे आनेवाले माह में MAT परीक्षा में शामिल होकर अंक सुधार कर सकता है। CMAT, XAT ये दोनों परीक्षाएँ CAT की तरह एक ही बार होती हैं। CAT की परीक्षा जैसा ऊपर कहा गया, एक बार होती है और यह नवंबर माह में आयोजित होती है। वर्ष 2015 में यह 29 नवंबर को आयोजित की गई और लगभग देश में 130 से ऊपर शहरों में सेंटर रखे गए। लगभग 2,16,000 से ऊपर छात्रों ने CAT के लिए आवेदन किए, जिनमें से लगभग 1,90,000 छात्र परीक्षा में बैठे थे। CAT परीक्षा देनेवाले छात्रों में से ही अधिकांश छात्र बेहतर अंक की अपेक्षा में MAT या अन्य परीक्षाएँ देते हैं। एक बड़ी संख्या में छात्र केवल MAT या CMAT की भी परीक्षा देते पाए जाते हैं। ऐसे छात्र न तो आई.आई.एम. के लिए और न ही वैसे संस्थानों के लिए, जो सिर्फ CAT के आधार पर नामांकन लेते हैं, उनके लिए ही योग्य होते हैं। ये छात्र उन्हीं संस्थानों में आवेदन कर सकते हैं, जो MAT, CMAT, XAT के आधार पर ही नामांकन लेते हैं या फिर इनके साथ CAT भी नामांकन का आधार होता है।

आई.आई.एम. सहित अन्य संस्थान नामांकन की अगली प्रक्रिया के अंतर्गत लिखित परीक्षा—CAT, MAT, CMAT, XAT के अंकों को आधार बनाते हैं और एक न्यूनतम कट ऑफ घोषित करते हैं, जिसके ऊपरवाले छात्रों को ही नामांकन की अगली प्रक्रिया के लिए बुलाते हैं। उदाहरण के लिए प्रत्येक आई.आई.एम. स्वतंत्र रूप से अपने संस्थान के लिए CAT का न्यूनतम कट ऑफ घोषित करता है। यह कट-ऑफ अंक परसेंटाइल में होता है, जिसका मतलब होता है, उदाहरण के तौर पर कि 80 परसेंटाइल पानेवाले छात्र के नीचे 100 में से 80 छात्र होते हैं। आम तौर पर आई.आई.एम. के न्यूनतम कट ऑफ

95 परसेंटाइल से ऊपर ही होते हैं और उन्हीं छात्रों को नामांकन के अगले चरण के लिए बुलाया जाता है, जिनका परसेंटाइल 95 या 95 से अधिक होता है। कुछेक नए आई.आई.एम. जैसे राँची, त्रिची, काशीपुर, उदयपुर, रायपुर, रोहतक के कट-ऑफ 95 परसेंटाइल से नीचे जाते हैं। इसके अलावा कई आई.आई.एम. सेक्शनल कट-ऑफ भी निर्धारित करते हैं और उस आधार पर भी नामांकन प्रक्रिया निश्चित करते हैं। वर्बल एबीलिटी सेक्शन या क्वांटिटेटिव एनेलिटिकल जैसे सेक्शन के सेक्शनल कट-ऑफ घोषित होते हैं और एक छात्र को कुल परसेंटाइल कट-ऑफ के साथ-साथ सेक्शनल कट-ऑफ भी पूरा करना होता है, तभी उन्हें कॉल आती है अर्थात् आगे की प्रक्रिया में शामिल होने का मौका मिलता है। ठीक इसी प्रकार का मापदंड बाकी संस्थान भी अपनाते हैं, जो CAT अथवा अन्य लिखित परीक्षाएँ MAT, CMAT, XAT को आधार बनाते हैं।

नामांकन प्रक्रिया की अगली कड़ी में ग्रुप डिस्कशन राउंड होता है। साधारण रूप में ग्रुप डिस्कशन को ऐसे समझा जा सकता है कि आम जीवन में भी कुछ लोग या कुछ मित्र या सहपाठी किसी विषय पर चर्चा करने बैठते हैं। इस चर्चा में उस विषय से संबंधित अपनी-अपनी राय सभी लोग रखते हैं और चर्चा रोचक होती चली जाती है। ऐसी चर्चाएँ ड्राइंग रूम से लेकर पान की दुकान तक देखी जा सकती हैं। कुछ ऐसा ही दृश्य ग्रुप डिस्कशन में भी देखने को मिलता है, जहाँ छात्रों का एक ग्रुप बनाया जाता है, जिसमें लगभग दस छात्र होते हैं और इन्हें दस से पंद्रह मिनट के समय में एक दिए गए विषय पर चर्चा करनी होती है। चर्चा का विषय संस्थान के प्रतिनिधि निर्धारित करते हैं और समय-सीमा का भी खयाल वही रखते हैं। चर्चा शुरू करने से पहले पाँच मिनट का समय उस विषय पर सोचने और तैयारी करने के लिए छात्रों को दिया जाता है। अधिकांशतः ये विषय तत्कालीन समय के आर्थिक, सामाजिक, राजनैतिक एवं अन्य बौद्धिक विषयों से जुड़े होते हैं। विषय इस तरह चुना जाता है कि उसमें पक्ष और विपक्ष जैसी राय बने और ग्रुप के कुछ सदस्य विषय के विपक्ष में बोलें और कुछ पक्ष में। चर्चा के दौरान वहाँ परीक्षक मौजूद होते हैं, जो ग्रुप के सदस्यों का आकलन करते हैं और आकलन के आधार पर अंक देते हैं।

ग्रुप डिस्कशन में आकलन के कई पहलू हैं, जैसे—

- छात्रों का व्यक्तित्व।

- छात्र का ग्रुप में साथियों के साथ साधारण व्यवहार और चर्चा के दौरान व्यवहार।
- छात्र की कम्यूनिकेशन क्षमता (बोलने की क्षमता) एवं कौशल, जिसमें अंग्रेजी बोलने के साथ-साथ सही उच्चारण, सही शब्दों का प्रयोग, सही लय इत्यादि होती है।
- छात्र का ग्रुप में अन्य सदस्यों के साथ सहयोग या असहयोग।
- छात्र का विषय पर पकड़ और विषय के ज्ञान व वाक्पटुता के आधार पर चर्चा को एक दिशा देने की क्षमता।
- ग्रुप के सदस्यों में अपनी बात रखना और उन पर सहमति निर्माण करना।
- उपर्युक्त बिंदुओं से छात्र विशेष की लीडरशिप क्षमता भी आँकी जाती है।
- छात्र द्वारा दूसरे सदस्यों को मौका दिया जाना, जो कि उसकी टीम भावना को दरशाता है।

मुख्य रूप से विशेषज्ञ इन्हीं पहलुओं पर नजर रखते हैं और अपने आकलन के अनुसार अंक देते हैं। कई बार ऐसा देखा गया है कि ग्रुप डिस्कशन के दौरान सभी सदस्य काफी अधिक उत्तेजित हो जाते हैं और चर्चा बड़ी अनियोजित सी हो जाती है। इसके निराकरण में कई संस्थानों ने ग्रुप डिस्कशन से अलग कुछ प्रक्रियाएँ अपनाई हैं, जैसे चर्चा की जगह छात्रों को दो-तीन मिनट का समय देना और उसमें किसी विषय पर अपनी बात रखना। कुछ संस्थान, ग्रुप डिस्कशन के साथ-साथ इसे भी शामिल कर लेते हैं। इससे अलग कुछ संस्थान केस एनालिसिस को शामिल करते हैं। केस एनालिसिस में किसी एक परिस्थिति या घटना का विवरण होता है और इस विवरण को पढ़कर छात्र को कुछ प्रश्नों का उत्तर देना होता है। ये प्रश्न उसी परिस्थिति या घटना के विवरण से संबंधित होते हैं। प्रश्नों का उत्तर छात्र को लिखकर देना होता है। इसके जरिये परीक्षक जानना चाहते हैं कि छात्र की अंग्रेजी भाषा का ज्ञान कैसा है और उस पर पकड़ कैसी है। भाषा के अलावा परिस्थिति को समझना एवं उसका आकलन करने की क्षमता कैसी है। तीसरा, आकलन के बाद छात्र अपनी स्वयं की राय कैसी और किस प्रकार बना पाता है, ये सभी पहलू पूछे गए प्रश्नों में छिपे होते हैं।

ग्रुप डिस्कशन, केस एनालिसिस के बादवाले चरण में पर्सनल इंटरव्यू,

यानी कि साक्षात्कार राउंड होता है। साक्षात्कार लेनेवालों के पैनल में तीन से चार विशेषज्ञ होते हैं। इन विशेषज्ञों में संस्थान के अनुभवी अध्यापक और इंडस्ट्री के अनुभवी कर्मी शामिल होते हैं। कई बार संस्थान पैनल में विशेषज्ञ भी रखना पसंद करते हैं। हालाँकि साक्षात्कार की कोई समय सीमा नहीं होती, लेकिन साधारणतया यह 15–20 मिनट का होता है, जिसमें एक छात्र से पैनल के विशेषज्ञ हर पहलू पर प्रश्न करते हैं। पारिवारिक, व्यक्तिगत और शैक्षणिक बैकग्राउंड का विवरण बारीकी से लिया जाता है और उनसे संबंधित प्रश्न भी पूछा जाता है। जहाँ एक ओर व्यक्ति को समझने की कोशिश होती है, वहीं यह भी देखा जाता है कि छात्र कितना पारदर्शी और ईमानदार है, क्योंकि कई बार छात्र कई बातें बढ़ा–चढ़ाकर और यथार्थ से अलग बोल जाते हैं, यह सोचकर कि इससे पैनल प्रभावित हो जाएगा। इसके अतिरिक्त, विषय का ज्ञान, सामान्य ज्ञान और वर्तमान की घटनाओं, व्यवस्था पर टिप्पणी और राय के माध्यम से छात्र के कौशल की परख हो जाती है और इनसे ही संबंधित प्रश्न पूछे जाते हैं। कुछ व्यावहारिक परिस्थिति देकर उनसे यह जानने की कोशिश होती है कि वे ऐसी परिस्थिति में कैसे और क्या निर्णय लेंगे, साथ ही कुछ खास परिस्थितियाँ बताकर उनके व्यक्तित्व की पहचान करने की कोशिश होती है और अंतिम प्रश्न यह कि अमुक छात्र इंडस्ट्री की परिस्थितियों में स्वयं को ढाल पाएगा या नहीं या फिर इंडस्ट्री के वातावरण में कुशल निर्णय या कुशल कार्यशैली अपना पाएगा या नहीं। सभी प्रश्नों के उत्तर ढूँढ़ने का प्रयास होता है। जो छात्र इन मापदंडों पर खरा पाया जाता है, उसके साक्षात्कार के अंक ऊपर होते हैं अन्यथा सामान्य या सामान्य से नीचे होते हैं।

नामांकन की इन तीनों प्रक्रियाओं के बाद किसी भी संस्थान की फाइनल मेरिट लिस्ट बनती है और उसी के अनुसार सफल छात्रों को नामांकन के लिए ऑफर लेटर या बुलावा दिया जाता है। मेरिट लिस्ट भी कई चरण में निकलती है, अधिकतर तीन चरणों तक लिस्ट निकाली जाती है। कई बार अगर प्रथम लिस्ट में नाम नहीं आए तो छात्रों को दूसरी या तीसरी लिस्ट का इंतजार करना चाहिए। वेटिंग लिस्ट में भी नाम होने से, संभावना होती है कि दूसरी या तीसरी लिस्ट में नाम आ जाए।

लिस्ट में नाम आने के बाद कोर्स की फीस की पहली इंस्टॉलमेंट जमाकर अपनी सीट सुनिश्चित की जा सकती है और यह अनिवार्य होता है। जहाँ तक

ग्रुप डिस्कशन या पर्सनल इंटरव्यू का प्रश्न है, वे देश के विभिन्न शहरों में आयोजित किए जाते हैं और छात्रों को नजदीक के शहर में उपस्थित होने की सुविधा होती है, लेकिन फीस संबंधित या नामांकन संबंधित प्रक्रिया के लिए सीधे संस्थान से संपर्क करना होता है, अगर व्यक्तिगत रूप में नहीं तो इ-मेल, फोन या पत्राचार के माध्यम से। फीस भी ड्राफ्ट या नेट बैंकिंग के जरिये जमा की जा सकती है। बाद में नामांकन वापस लेने की स्थिति में (बेहतर संस्थान में नामांकन होने की स्थिति में या किसी भी अन्य कारण से) कोर्स शुरू होने के पूर्व तक मात्र 1000 रुपए का नुकसान होता है, क्योंकि शेष राशि को लौटाने के लिए संस्थान बाध्य होता है। यह ए.आई.सी.टी. के नियम में है और अगर कोई संस्थान इसमें अड़चन डालता है तो उसकी शिकायत ए.आई.सी.टी. को की जानी चाहिए और उसकी सुनवाई अनिवार्य रूप से होती है। कोर्स शुरू होने के बाद नामांकन वापसी की स्थिति में आनुपातिक रूप से जमा की गई राशि में से संस्थान काट सकता है। इसका विवरण विस्तार में ए.आई.सी.टी. की वेबसाइट पर उपलब्ध है।

कोर्स की फीस संस्थान के हिसाब से अलग-अलग होती है, जो 3-4 लाख से लेकर 15 लाख या उससे भी ऊपर तक दो वर्षों के लिए हो सकती है। फीस में ट्यूशन फीस के अलवा मुख्य रूप से डेवलपमेंट, स्टडी मेटीरियल, परीक्षा, लाइब्रेरी, आई.टी. फीस इत्यादि होती हैं। इनके अलावा हॉस्टल फीस और मेस फीस होती है। आई.आई.एम. सहित देश के अग्रणी संस्थानों में यह कोर्स पूरी तरह आवासीय (रेजिडेंसियल) होता है, यानी कि कोई भी छात्र कैंपस के बाहर नहीं रह सकता है। घर या रिश्तेदार के यहाँ रहकर पढ़ाई नहीं कर सकता। ऐसे में हॉस्टल फीस और मेस फीस अनिवार्य हो जाती हैं। जहाँ यह अनिवार्य नहीं होता, वहाँ बाहर रहनेवाले छात्रों को यह फीस नहीं देनी होती है। कई संस्थान अपने कोर्स में विदेश भ्रमण, लैप टॉप, आई-पैड, ड्रेस इत्यादि भी शामिल करते हैं, जिनकी कीमत भी फीस में अनिवार्य रूप से सम्मिलित हो जाती है। प्रत्येक संस्थान की वेबसाइट या ब्रोशर में कुल फीस उसके ब्रेक-अप और किश्त की देय तिथि का उल्लेख किया होता है, जिसे छात्रों को अवश्य देखना और समझना चाहिए। यहाँ ध्यान देनेवाली बात यह भी है कि इसी फीस के विवरण के आधार पर और नामांकन पत्र के आधार पर बैंक शैक्षणिक कर्ज देता है और उसकी प्रक्रिया पूरी करने के लिए ये दो कागज

आवश्यक होते हैं। किसी भी मान्यता प्राप्त कोर्स के लिए अपने शहर के किसी भी सरकारी या प्राइवेट बैंक से लोन की सुविधा प्राप्त की जा सकती है, जिसको छात्र अपने प्लेसमेंट या कोर्स पूरा होने के बाद मासिक किस्तों में लौटा सकते हैं।

बहुत सारे संस्थान मेरिट को बढ़ावा देने के लिए स्कॉलरशिप भी प्रदान करते हैं, जिससे फीस में कुछ प्रतिशत की राहत मिल जाती है। अधिकतर ग्रेजुएशन के प्रतिशत और CAT, MAT, CMAT आदि के अंकों के आधार पर स्कॉलरशिप के प्रतिशत की योजना घोषित होती है, जिसका लाभ मेधावी छात्रों को पहले वर्ष में मिलता है। दूसरे वर्ष में भी लाभ लेने के लिए कोर्स के प्रथम वर्ष में निर्धारित न्यूनतम अंक लाने होते हैं।

ऊपर हमने देखा और समझा कि नामांकन के लिए प्रमुख रूप से तीन प्रकार की परीक्षा देनी होती है। प्रथम लिखित परीक्षा, जो कि CAT, MAT, CMAT, XAT जैसी परीक्षाएँ होती हैं, दूसरी परीक्षा ग्रुप डिस्कशन के रूप में होती है और तीसरी परीक्षा पर्सनल इंटरव्यू या साक्षात्कार होती है। यहाँ हमें थोड़ा समय, इन तीनों परीक्षाओं की तैयारी से संबंधित बातों पर देना चाहिए।

सर्वप्रथम हम CAT, MAT जैसी लिखित परीक्षाओं के विषय में समझेंगे। साधारणत: ये परीक्षाएँ दो से तीन घंटे तक और 200 से 300 अंक तक की होती हैं। इन परीक्षाओं में मुख्यत: तीन सेक्शन होते हैं—क्वांटीटेटिव एबीलिटी, वर्बल एवं रीडिंग कॉम्प्रीहेंशन और डाटा इंटप्रेटेशन व लॉजिकल रिजनींग। इन सेक्शन्स का सिलेबस निम्न तालिका में दिया गया है, जो कि संकेत मात्र है, न कि अपने में पूरा।

क्वांटीटेटिव एबीलिटी	**वर्बल एवलिटी**	**डाटा इंटरप्रेटेशन**	**लाजिकल एनिंग**
अलजेब्रा	सेंटेंस करेक्शन	पाई चार्ट	डाटा एरेंजमेंट
ज्यामेट्री	पारा जंबल	बार ग्राफ	सीटिंग एरेंजमेंट
नंबर सिस्टम	पारा कंपलीशन	लाइन ग्राफ	ब्लड रिलेशन
मैथेमेटिक्स	फैक्ट इंफरेंस	टेबल्स	फैमिली ट्री
हायर मैथस	जजमेंट	केसलेट	वेन डाइग्राम
मेंशुरेसन	वर्ड यूसेज	डाटा सफिशिएंसी	मैचिंग पजल्स
ट्रीगनामेटरी	वोकाबुलरी		सिलोजिज्म

सब टॉपिक्स	फिल इन द ब्लैंक	प्रोपोजिशन
• एच.सी.एफ.	ग्रामर	एरूमशन
• एल.सी.एम.		स्टेटमेंट्स
		बाइनरी लॉजिक
• ए.पी.		क्लॉक
• जी.पी.		कैलेंडर
• जी.एम.		संदेश
• एच.एम.		
• मिडियन		
• मोड		
• रेशियो और प्रोपोरसन		
• परसेंटेज		
• एवरेज		
• पार्टनरशिप		
• टाइम, स्पीड, डिस्टेंस,		
• वर्क ऐंड टाइम		
• प्रॉफिट ऐंड लॉस		
• पार्टनरशिप		
• पाइप ऐंड सिस्टन		
• लाइंस		
• एंगल, ट्राइंगल, क्यूब आदि		

इन टॉपिक या सब-टॉपिक के इर्द-गिर्द ही परीक्षा में प्रश्न पूछे जाते हैं, हालाँकि यह भी देखा गया है कि प्रत्येक वर्ष प्रश्न में कुछ-न-कुछ नयापन जरूर होता है और छात्रों के कौशल और तैयारी पर ही वह निर्भर करता है कि उन प्रश्नों को हल किया जा सकता है अथवा नहीं। इस सिलेबस के आधार पर ही छात्रों को तैयारी करनी होती है। तैयारी के लिए यह आवश्यक है कि छात्र CAT, MAT से संबंधित गाइड अवश्य खरीदें और उसको अपनी तैयारी का अभिन्न अंग बनाएँ। बाजार में कई प्रतिष्ठित प्रकाशन की CAT, MAT की तैयारी के लिए गाइड उपलब्ध हैं। इसके साथ-साथ हर सफल छात्र के साथ यह देखा गया है, वे किसी-न-किसी कोचिंग इंस्टीट्यूट से भी जुड़े होते हैं। देश में कई प्रमाणित व प्रसिद्ध संस्थान CAT, MAT इत्यादि की तैयारी के लिए कोचिंग

कराते हैं। उनमें IMS, TIME, Career Launcher जैसी कोचिंग संस्थाएँ प्रमुख हैं, जहाँ अधिकांश छात्र कोचिंग लेते हैं। इन सभी संस्थानों की जानकारी उनकी वेबसाइट से मिल सकती है। वर्तमान में देश के सभी प्रमुख शहरों में ये संस्थान मौजूद हैं। ये कोचिंग संस्थान क्लास रूम कोचिंग के साथ-साथ मेटीरियल भी देते हैं, जिनको छात्र घर पर अपनी प्रैक्टिस के लिए उपयोग में ला सकते हैं। इसके अलावा या बराबर अंतराल पर CAT/MAT की तर्ज पर प्रश्नपत्र हल कराए जाते हैं या परीक्षा ली जाती है, जिससे छात्रों की प्रैक्टिस भी होती है और अपनी प्रगति का भी पता चलता है।

मैनेजमेंट कॅरियर में दो प्रकार के छात्र आते हैं। एक तो वे, जो ग्रेजुएशन या इंजीनियरिंग अथवा कोई और स्नातक डिग्री लेकर उसी वर्ष CAT/MAT की परीक्षा देते हैं और तत्कालीन सत्र में ही नामांकन लेते हैं। दूसरे प्रकार के छात्र वे होते हैं, जो इंजीनियरिंग इत्यादि करने के बाद दो-तीन वर्ष काम कर चुके होते हैं और तब मैनेजमेंट के नामांकन की प्रक्रिया में शामिल होते हैं। दोनों ही स्थिति में लगभग एक वर्ष की तैयारी की आवश्यकता होती है, जिसमें खुद का अध्ययन, कोचिंग; सभी शामिल होते हैं। इसके लिए यह भी आवश्यक है छात्र ने स्कूली शिक्षा से लेकर स्नातक की शिक्षा तक गंभीरता से विषयों का अध्ययन किया हो, खासकर गणित, अंग्रेजी का, जिसका महत्त्व लिखित परीक्षा में काफी अधिक होता है। छात्रों के साथ-साथ माता-पिता, जो अपने बच्चों को मैनेजमेंट क्षेत्र में भेजने का सपना देखते हैं, उनके लिए यह आवश्यक है कि वे स्कूल के स्तर से ही बच्चों की शिक्षा-दीक्षा पर खास ध्यान दें। यह सुनिश्चित हो सके कि गणित, अंग्रेजी या अन्य विषयों की नींव मजबूत हो।

दूसरे राउंड की परीक्षा; जैसा ऊपर कहा गया, ग्रुप डिस्कशन होता है। ग्रुप डिस्कशन के लिए यह आवश्यक है कि छात्र की पकड़ अंग्रेजी पर अच्छी हो, अच्छी अंग्रेजी बोल सकता हो अर्थात् शैली, ग्रामर व वोकाबुलरी सभी दुरुस्त हों। इसके लिए स्कूल के स्तर से ही खास ध्यान देने की आवश्यकता होती है और लिखने के साथ-साथ बोलने व उच्चारण पर भी खास ध्यान दिया जाना चाहिए। दोस्तों, सहपाठियों एवं घर में हम उम्र लोगों में, अंग्रेजी बोलने या वार्त्तालाप करने से लाभ देखा जाता है। अंग्रेजी समाचार, वार्त्ता सुनना, अंग्रेजी अखबार एवं पत्रिकाएँ पढ़ना, ये सभी कुछ एक छात्र की आदत में आना चाहिए, तभी इसका लाभ ग्रुप डिस्कशन में मिलता है।

अंग्रेजी की कुशलता के साथ-साथ ग्रुप डिस्कशन की सफलता के लिए यह भी आवश्यक है कि छात्र करंट अफेयर्स, यानी कि समकालीन विषयों, स्थितियों, घटनाओं की जानकारी रखता हो और उनकी बारीकियों से वाकिफ हो। स्कूल से स्नातक के दिनों तक का छात्र का विभिन्न विषयों का अध्ययन, अखबार एवं पत्रिकाओं को पढ़ना काम आता है और छात्रों को इस योग्य बनाता है कि वे ग्रुप डिस्कशन के विषयों पर कुछ ठोस बोल सकें, अपनी राय दे सकें। ग्रुप डिस्कशन के दौरान परीक्षक व्यक्तित्व, बोलचाल के अलावा विषय पर छात्र की राय पर सबसे अधिक ध्यान देता है। अत: यह आवश्यक होगा कि छात्र अधिक-से-अधिक अध्ययन करें और खासकर के समकालीन विषयों पर विशेष नजर रखें। सामान्य तथा कोचिंग संस्थानों में ग्रुप डिस्कशन के लिए भी तैयारी कराते हैं। उदाहरण के लिए 2015 के दिसंबर माह या जनवरी-फरवरी माह में ग्रुप डिस्कशन हों तो उनके विषय, संकेत के रूप में कुछ इस प्रकार होंगे।

- Paris COP 21: Epic Fail or Best chance to save the planet?
- Retaining Sahitya Academi Awards, is it a right kind of protest?
- Economic status] a reasonable criteria for reservations.
- Poverty causes corrruption
- Should India have a one-child policy.
- Made in India or Make in India.
- GST is it a boon or a bane for economy? Is partliamentary democracy good for India?

ये चंद उदाहरण, जो काफी नहीं हैं यह बताने के लिए कि विषय कितने भिन्न और कितने हो सकते हैं। फिर भी ये इतना संकेत जरूर करते हैं कि छात्रों को किस कदर तैयारी करनी होती है।

तीसरे चरण में पर्सनल इंटरव्यू या साक्षात्कार से छात्रों को रूबरू होना पड़ता है। साक्षात्कार के लिए छात्रों को अच्छी-खासी तैयारी करनी चाहिए, चाहे वह विषयों का ज्ञान हो, सामान्य ज्ञान या करेंट अफेयर्स हो। इसके साथ ही यह ध्यान रखना आवश्यक है कि वे साक्षात्कार के दौरान घबराएँ नहीं, स्ट्रेस महसूस न करें और सहज भाव से पैनल को फेस करें। उत्तर देते समय यह ध्यान रहे कि जितना आता हो और जो सही हो, वही ईमानदारी से पैनल को बताएँ, झूठ या

बढ़ा-चढ़ाकर बोलने की स्थिति में यह पक्का है कि पैनल उसे भाँप लेता है और इसका बहुत ही प्रतिकूल प्रभाव पड़ता है। छात्रों को यह समझना चाहिए कि पैनल का हर सदस्य काफी अनुभवी व्यक्ति है और अपने अनुभव से झूठ और सच को आसानी से पहचान सकता है। पर्सनल इंटरव्यू की तैयारी में कोचिंग संस्थान के अनुभवी लोगों का बहुत अधिक लाभ मिलता है, जिसको छात्रों को नियमपूर्वक और लगातार लेना चाहिए। इसके अलावा अपने सीनियर्स से भी उनके अनुभवों से लाभ लेना चाहिए। बड़े-बुजुर्ग और परिवार के कॉरपोरेट जगत् में काम कर रहे लोगों से भी काफी अच्छा मार्गदर्शन मिल सकता है। इंटरनेट पर भी पर्सनल इंटरव्यू से संबंधित वीडियो उपलब्ध होते हैं, जिनका लाभ लेना चाहिए। इन सभी के बाद या साथ-साथ कोचिंग संस्थान में या अन्य जगह भी 'मॉक इंटरव्यू' का बहुत अधिक लाभ मिलता है और इसे बार-बार दुहराया जाना चाहिए। इनकी वीडियोग्राफी कर उनको देखना और अपनी कमियों को पहचानना भी एक बहुत ही उपयोगी कदम होता है। पर्सनल इंटरव्यूवाले दिन या उससे पहलेवाले दिन अपने को सहज रखना, खुला दिमाग रखना और किसी भी तरह का स्ट्रैस नहीं रखना; एक अच्छे इंटरव्यू को सुनिश्चित करता है, अतः इनका विशेष रूप से खयाल रखना चाहिए।

□

5

MBA संस्थानों का चुनाव

नामांकन की पूरी प्रक्रिया समझने के बाद और उसकी तैयारी संबंधी जानकारी लेने के बाद यह भी जानना आवश्यक है कि संस्थान का चुनाव कैसे किया जाए। कौन-कौन सी ऐसी बातें हैं, जिनको ध्यान में रखकर संस्थान का चुनाव किया जाना चाहिए। संस्थान के चुनाव का प्रश्न दो चरणों में आता है। पहला तब, जब नामांकन के लिए आवेदन कर रहे होते हैं और दूसरा तब, जब आवेदन कर चुके संस्थानों में से एक से अधिक संस्थानों में चयन हो जाता है और नामांकन के लिए कॉल लेटर आ जाता है।

आवेदन करने के समय जिन बातों का मुख्यत: ध्यान रखना होता है, उनमें से निम्न बिंदुओं पर ध्यान देना अनिवार्य है।

1. खुद की क्षमता पर विश्वास का आकलन करते हुए यह निर्णय करना कि CAT की परीक्षा देनी है या नहीं और अगर देनी है तो आई.आई.एम. के स्तर की तैयारी है या नहीं अर्थात् 95 या उससे अधिक परसेंटाइल आने की अपेक्षा रखी जा सकता है या नहीं। मैनेजमेंट में अपना मजबूत कॅरियर बनाने के इच्छुक अधिकांश छात्रों का यह निर्णय 'हाँ' में होता है, जो बिना किसी भी दुविधा के आई.आई.एम. में नामांकन हेतु CAT की परीक्षा में बैठते हैं। वर्ष 2015 में ऐसे छात्रों की संख्या 2 लाख से अधिक थी, अत: अगर अपने आकलन में जवाब हाँ में है तो CAT परीक्षा के लिए आवेदन करना अनिवार्य है।
2. आई.आई.एम. में नामांकन के लिए CAT परीक्षा में ही आवेदन

करना होता है। इसके अलावा भिन्न-भिन्न आई.आई.एम. में आवेदन नहीं करना होता है। CAT के रिजल्ट के आधार पर विभिन्न आई.आई.एम. अपने कट-ऑफ के आधार पर आगे की प्रक्रिया यानी कि गुप डिस्कशन या पर्सनल इंटरव्यू के लिए बुलाते हैं।

3. एक से अधिक आई.आई.एम. में चयन होने की स्थिति में छात्रों को एक का चुनाव करना पड़ता है। आमतौर पर अहमदाबाद प्रथम, बैंगलोर द्वितीय, कोलकाता तृतीय, लखनऊ चौथे और फिर इंदौर और बाकी आई.आई.एम. माने जाते हैं। इसी पायदान के आधार पर छात्र एक का चुनाव करते हैं। कई छात्र नए आई.आई.एम. की अपेक्षा आई.आई.एम. समूह से अलग देश के अन्य अग्रणी संस्थानों को प्रश्रय देते हैं जैसे एम.डी.आई., एस. पी. जैन, आई.एम.टी., एफ.एम.एस., एक्स.एल.आर. आई, आई.एम.आई. एवं अन्य।
4. CAT परीक्षा देनेवाले छात्रों का पहला लक्ष्य तो आई.आई.एम. होता है, लेकिन उनमें चयन नहीं होने की स्थिति में कोई रिस्क नहीं लेना चाहता या अधिकांश छात्र साल गँवाना नहीं चाहते, बल्कि वे ऊपर लिखे गए देश के कई अग्रणी संस्थानों में आवेदन करते हैं। ये सभी अग्रणी संस्थान मुख्य रूप से CAT परीक्षा के आधार पर ही छात्रों का नामांकन करते हैं, एक्स.एल.आर.आई. को छोड़कर, जो कि अपनी स्वतंत्र परीक्षा XAT आयोजित करता है। कई और भी संस्थान CAT के अतिरिक्त XAT को भी मान्यता देते हैं।

   ऐसे छात्रों को इन संस्थानों में अलग-अलग आवेदन करना होता है। ये सभी ए.आई.सी.टी. से मान्यताप्राप्त होते हैं या फिर एफ.एम.एस. (दिल्ली विश्वविद्यालय) जैसे संस्थान किसी-न-किसी मान्यताप्राप्त विश्वविद्यालय से जुड़े होते हैं।
5. मैनेजमेंट में कॅरियर बनानेवाले कई ऐसे छात्र हैं, जो CAT की परीक्षा देकर भी आश्वस्त नहीं हो पाते कि उनके अच्छे परिणाम आएँगे और वे रिस्क नहीं लेकर MAT अथवा CMAT की परीक्षा देते हैं और उसके लिए आवदेन करते हैं। देश में बहुतायत में ऐसे मैनेजमेंट संस्थान हैं, जो CAT के अलावा मुख्य रूप से MAT या CMAT के आधार पर ही नामांकन करते हैं, ऐसे संस्थानों के लिए MAT और

CMAT को परीक्षा के लिए आवेदन प्रत्येक संस्थान में अलग-अलग करना होता है, जहाँ छात्र नामांकन के इच्छुक होते हैं।

इन संस्थानों में आवेदन करने के समय यह आवश्यक रूप से सुनिश्चित कर लेना चाहिए कि इन संस्थानों के कोर्स ए.आई.सी.टी. से प्रमाणित हैं। आवेदन करते समय संस्थान किस शहर में स्थित है, उस संस्थान की पुरानी रेप्युटेशन कैसी है, फीस बजट के अनुरूप है या नहीं, इन सब का ध्यान रखना चाहिए।

6. एक से अधिक संस्थानों में चयन होने की स्थिति में किसी एक संस्थान के चयन के लिए कुछ मूल बिंदुओं का ध्यान रखना आवश्यक होता है तथा उन्हें ही आधार बनाकर निर्णय लिया जा सकता है।

(क) ए.आई.सी.टी. में मान्यता प्राप्त होने के अलावा संस्थान के कोर्स AIU, NBA या NAAC जैसी संस्थाओं से प्रमाणित हैं या नहीं। तीनों या तीनों में से एक या दो से भी प्रमाणित होने की स्थिति में कोर्स की प्रामाणिकता बढ़ जाती है और कोर्स की गुणवत्ता निश्चित हो जाती है। AIU की मान्यता पी.जी.डी.एम. के डिप्लोमा को एम.बी.ए.की डिग्री के समकक्ष का दरजा दे देती है।

(ख) कुछ अग्रणी संस्थान अंतरराष्ट्रीय एक्रेडिटेशन प्राप्त हैं जैसे एम.डी.आई., आई.एम.आई., एस.पी.जैन। ऐसे संस्थानों की मान्यता स्वाभाविक रूप से अन्य की अपेक्षा अधिक हो जाती है।

(ग) देश में मैनेजमेंट संस्थान की गुणवत्ता के आकलन के लिए एवं उन्हें श्रेणीबद्ध करने के लिए कई रैंकिंग प्रचलित हैं, जो हर वर्ष देश के 100-200 मैनेजमेंट संस्थान की रैकिंग करते हैं। इनमें मुख्य रूप से CSR-GHRDC, बिजनेस वर्ल्ड, बिजनेस टुडे, बिजनेस इंडिया, कॅरियर 360, एम.बी.ए. यूनिवर्स, एन.एच.आर.डी. प्रचलित हैं। छात्र और अभिभावकजन इन रैंकिंग के अध्ययन से निष्कर्ष निकाल सकते हैं या तुलनात्मक अध्ययन कर सकते हैं। सभी रैंकिंग संस्थानों से आँकड़े लेकर एवं उन संस्थानों का निरीक्षण करके फाइनल रैंकिंग प्रकाशित करते हैं। रैंकिंग का आधार संस्थान का प्लेसमेंट, इंडस्ट्री से संबंध, फैकल्टी की गुणवत्ता, रिसर्च, एम.डी.पी., लाइब्रेरी संबंधी सुविधाएँ, आई.टी. संबंधी सुविधाएँ, संस्था का इंफ्रास्ट्रक्चर होता है।

छात्रों और अभिभावकों के लिए यह आवश्यक है कि वे इन बिंदुओं का गंभीरता से अध्ययन करें और उनके तुलनात्मक अध्ययन से एक निष्कर्ष पर पहुँचें। अंतिम निष्कर्ष पर पहुँचने के पहले यह भी आवश्यक है कि संस्थान के पूर्व छात्रों से (अलुमुनाई से), पढ़ रहे छात्रों से, शिक्षकों से बातचीतकर संस्थान के विषय में जानकारी लें। इन सभी के लिए संस्थान स्वयं जाना आवश्यक होगा। संस्थान की वेबसाइट पर दी गई सूचनाओं को समझना होगा। अलुमुनाई, छात्रों एवं विशेषज्ञों की राय कुछेक वेबसाइट जैसे Shiksha.com, pagalguy.com से ली जा सकती है, जहाँ लोग काफी सक्रिय होकर संस्थानों के गुणों या कमियों की चर्चा करते हैं।

(घ) प्लेसमेंट—प्लेसमेंट संबंधित जानकारी में यह जानना आवश्यक है कि कुल छात्रों में कितने प्रतिशत का कैंपस प्लेसमेंट होता है। अगर यह 90 प्रतिशत या उससे अधिक है तो उसे अच्छा माना जाना चाहिए। इसी के साथ-साथ यह भी जानना आवश्यक है कि अधिकतम पैकेज और औसत पैकेज क्या है, किस प्रकार की कंपनी और कौन-कौन सी कंपनी प्लेसमेंट के लिए आती हैं।

(ङ) इंडस्ट्री से संबंध-संस्थान का इंडस्ट्री से कितना नजदीक का जुड़ाव है और इंडस्ट्री से जुड़ने के लिए संस्था द्वारा क्या-क्या व्यवस्था की गई है या कैसा प्रयास किया जाता है, इसे जानना आवश्यक होता है। जहाँ ये संबंध मजबूत होते हैं और व्यवस्था भी पक्की होती है, वहाँ छात्रों को इंडस्ट्री से जुड़ने और वहाँ जाकर सीखने का अधिक मौका मिलता है, जिसका फायदा न सिर्फ प्लेसमेंट में होता है, बल्कि आगे के कॅरियर में भी उसका लाभ मिलता है। अच्छी व्यवस्था होने से छात्रों को समर इंटर्नशिप अच्छी मिलती हैं और इंडस्ट्री विशेषज्ञों से भी मिलने-जुलने और सीखने का मौका मिलता है।

(च) फैकल्टी-संस्थान में शिक्षकों का होना आवश्यक है, लेकिन उससे भी आवश्यक है उनकी गुणवत्ता। मैनेजमेंट क्षेत्र में शिक्षक को विषयगत जानकारी के साथ-साथ उसके व्यावहारिक पहलू को भी बताना जरूरी होता है, इस तरह कि इंडस्ट्री में या वास्तविक स्थितियों में उस ज्ञान या कौशल को किस तरह उपयोग में लाया जा सके। गंभीर-से-गंभीर या

जटिल-से-जटिल अनपेक्षित स्थितियों में कितनी कुशलतापूर्वक समाधान निकाला जा सके, इसके लिए छात्रों को ट्रेनिंग देनी होती है। इसके लिए आवश्यक है कि संस्थान के शिक्षक अच्छी उच्च शिक्षा प्राप्त किए हुए हों, अनुभवी हों, इंडस्ट्री का अनुभव हो और अगर न भी हो तो उनका जुड़ाव-लगाव इंडस्ट्री से हो, जिससे उन्हें वहाँ के डेवलपमेंट्स का पता हो और वे जानकारी छात्रों को दे सकें। इस तरह यह आवश्यक है कि शिक्षकों का अनुभव, कितने वर्षों से वे शिक्षण में हैं, पी.एच-डी. हैं या नहीं, देश-विदेश का एक्सपोजर है या नहीं, विषयों पर रिसर्च है या नहीं और कंपनी से संपर्क है या नहीं, ऐसी जानकारी भी ली जानी चाहिए। संस्थान का यह पहलू उसकी नींव होती है, जो मजबूत होनी चाहिए और यही चीज संस्थान को बेहतर साबित करती है।

(छ) रिसर्च—शिक्षकों से ही जुड़ा हुआ दूसरा महत्त्व का पहलू रिसर्च है, जो शिक्षकों की विषयों पर पकड़ मजबूत करती है, विषयों के सामयिक विकास और नई खोज से अवगत कराती है और इसका लाभ छात्रों को क्लास में और उनकी पढ़ाई में होता है। रिसर्च से ही शिक्षक इंडस्ट्री के विषयों की ताजी जानकारी देश-विदेश के स्तर तक की प्राप्त करते हैं। शिक्षकों की रिसर्च संबंधी जानकारी वेबसाइट पर या लाइब्रेरी से प्राप्त की जा सकती है। शिक्षकों की मजबूत रिसर्च, संस्थान को काफी प्रतिष्ठा देती है और सरकार, समाज, इंडस्ट्री से जोड़ती है, जिससे छात्रों को भी लाभ होता है और उन्हें भी नए अवसर मिलते हैं।

(ज) लाइब्रेरी व आई.टी. से संबंधित सुविधाएँ—लाइब्रेरी में उपलब्ध जरूरत की पुस्तकों, जरनल्स, मैगजीन, न्यूज पेपर, वीडियो, ऑडियो सुविधाओं को भी समझना आवश्यक होता है। वे संस्थान, जहाँ ये सुविधाएँ ज्यादा उपलब्ध होती हैं, छात्रों के हक में होते हैं। उसी प्रकार संस्थान को आई.टी. सुविधाएँ, जैसे वाई.फाई., एस.एम.एस., कंप्यूटर, प्रिंटर, स्कैनर, वीडियो कॉन्फ्रेसिंग की सुविधा सेमिनार की सुविधा, छात्रों के लिए आज की तारीख में आवश्यक होती है और संस्थान के चुनाव में इनका भी ध्यान रखा जाना चाहिए।

(झ) इंफ्रास्ट्रक्चर—पूरे कैंपस के रख-रखाव से लेकर क्लास रूम,

ऑडीटोरियम, लाइब्रेरी, आई.टी. लैब, हॉस्टल, मेस, फैकल्टी रूम एवं अन्य व्यवस्थाओं पर प्राय: हर संस्थान खासा ध्यान देता है, फिर भी संस्थान के चुनाव में इन पर ध्यान देना चाहिए, साथ ही कैंपस के रख-रखाव, सुरक्षा एवं छात्रों की देख-भाल की व्यवस्था की भी जानकारी लेनी चाहिए और इन पहलुओं पर भी आश्वस्त हो जाना चाहिए।

इन बिंदुओं के संदर्भ में संस्थानों को समझा जाए तो निष्कर्ष काफी सरल हो जाता है और निर्णय गलत नहीं होता है। ध्यान देने की बात है कि अभिभावकों या छात्रों को आँख मूँदकर, बिना छान-बीन किए किसी भी संस्थान में नामांकन नहीं करना चाहिए। ऐसे कई संस्थान हैं, जो बड़ी-बड़ी बातें कर छात्रों को नामांकन का पत्र भेज देते हैं और दूर-दराज के छात्र बिना जाने-बूझे इन संस्थानों में नामांकन करा लेते हैं। जहाँ की सच्चाई कुछ और ही होती है और बाद में उन्हें पछताना पड़ता है। इसी प्रकार बाजार में कई ऐसे कंसल्टेंट हैं, जो गलत बात बताकर अपने स्वार्थ के लिए छात्रों को बरगलाते हैं, जिनसे बचने की आवश्यकता है।

□

6

MBA के दो चुनौतीपूर्ण वर्ष

कोर्स की शुरुआत प्रत्येक संस्थान में ओरिएंटेशन/इंडक्शन प्रोग्राम से होती है, जिसकी समय-सीमा हफ्ता या पंद्रह दिनों की होती है। ओरिएंटेशन अथवा इंडक्शन प्रोग्राम का उद्देश्य छात्रों को संस्थान के वातावरण, उसके कार्य-कलापों, पढ़ाई-लिखाई से संबंधित नियमावली एवं कायदे-कानून से अवगत कराना होता है। चूँकि नए बैच में छात्र देश के कोने-कोने से आते हैं और उनके खान-पान, रहन-सहन, व्यक्तित्व, बोलचाल में खासी भिन्नता होती है, इसलिए यह भी प्रयास होता है कि इस प्रोग्राम के दौरान ही छात्रों में मेल-जोल हो जाए और वे संस्थान के माहौल को समझ लें, जिससे उन सभी में समरसता लाने में आसानी हो। प्रोग्राम के अंतर्गत कई ऐसे छोटे-बड़े कार्यक्रम रखे जाते हैं, जो इस उद्देश्य की पूर्ति में सहायक होते हैं। छात्रों को यह चाहिए कि वे इन कार्यक्रमों के दौरान बड़ी सक्रियता से भाग लें। संस्थान की तरफ से पूरे ओरिएंटेशन/इंडक्शन प्रोग्राम में छात्रों की उपस्थिति अनिवार्य की जाती है और इसकी सूचना काफी पहले छात्रों और अभिभावकों को दे दी जाती है, जिससे छात्र अपनी यात्रा और उपस्थिति निश्चित कर पाएँ। छात्रों के लिए यह बड़ा मौका होता है, जब वे अपने हुनर, अपने व्यक्तित्व से स्वयं को पूरे बैच के अंदर बेहतर स्थापित कर सकें। टैलेंट-हंट जैसी प्रतियोगिताओं में छात्रों को अपनी टैलेंट दिखाने का भरपूर मौका मिलता है और साथ ही संस्थान भी उनकी टैलेंट से परिचित होकर उन्हें डिबेट, प्ले, म्यूजिक, डांस, पेटिंग और कई तरह की विधाओं में भविष्य में मौका देते हैं।

ओरिएंटेशन/इंडक्शन प्रोग्राम के अलावा कई संस्थान फाउंडेशन कोर्स भी आयोजित करते हैं, जो लगभग दस से पंद्रह दिन चलता है। फाउंडेशन कोर्स के दौरान मुख्य रूप से एकाउंटिंग, फाइनेंस, स्टेटिस्टिक्स, क्वांटीटेटिव टैक्नीक्स, इकोनॉमिक्स, आई.टी. जैसे विषयों को पढ़ाया जाता है, जिससे विभिन्न स्ट्रीम से आए छात्रों को इनकी बेसिक जानकारी हो जाए और रेगूलर कोर्स में इन विषयों को समझाना थोड़ा सरल हो जाए। छात्रों के लिए यह एक उपयोगी अवसर होता है, जिसका लाभ उन्हें अवश्य लेना चाहिए। वर्तमान में तो कई संस्थान इससे भी आगे बढ़कर छात्रों के कोर्स की तैयारी में काफी पहले से ही सहायता करते हैं। नामांकन की फीस देने के बाद ही छात्रों को इन संस्थानों द्वारा ऑन लाइन पढ़ाई की सुविधा दे दी जाती है, जिसमें छात्र कई विषयों का घर बैठे-बैठे ही, संस्थान आने के पहले ही अध्ययन कर लेते हैं और तैयारी करते हैं, साथ-साथ संस्थान हर छात्र के साथ एक फैकल्टी को जोड़ देता है, जिनसे फोन पर या इ-मेल पर जुड़कर कई तरह की जानकारी ले सकते हैं। विषयों के शिक्षकों से भी संपर्क करने की व्यवस्था होती है, जिससे ऑन लाइन कोर्स करते हुए भी छात्रों को जरूरत पड़ने पर सहायता मिल सके। छात्रों को इन सभी सुविधाओं का लाभ लेना चाहिए।

ओरिएंटेशन/इंडक्शन प्रोग्राम के बाद कोर्स की सामान्य क्लास चलने लगती हैं। जैसा कि पहले भी कहा गया, पूरा कोर्स या तो छह ट्राइमेस्टर में बँटा होता है या चार सेमेस्टर में। इसके अलावा छह से आठ सप्ताह की समर इंटर्नशिप होती है। ए.आई.सी.टी. के नियमानुसार पूरे कोर्स में 1050 घंटे की न्यूनतम पढ़ाई होनी चाहिए और इसके अलावा छह सप्ताह की समर इटर्नशिप भी। संस्थानों को इसकी छूट होती है कि पूरे कोर्स के सिलेबस को वे किस प्रकार डिजाइन करते हैं। एम.बी.ए. कोर्स, जो यूनिवर्सिटी के अंतर्गत आते हैं, वे यूनिवर्सिटी द्वारा निर्धारित सिलेबस का पालन करते हैं। हालाँकि कोर्स का सिलेबस भिन्न-भिन्न हो सकता है। मोटे तौर पर सिलेबस की एक रूप रेखा नीचे दी जा रही है।

Term I	**Term II**	**Term III**
• Accounting for Decision Making	• Business Communication-II	• Business Communication-III
• Business	• Financial	• Entrepreneurship
		• Financial Management-II

Communication-I • Information Technology for Management • Managerial Economics • Marketing Management-I • Organizational Behaviour-I • Quantitative Analysis for Management-I	Management-I • Macro Economics & Business Environment • Management Accounting & Control • Marketing Management-II • Organizational Behaviour-II • Quantitative Analysis for Management-II	• Human Resource Management • IT for Effective Decision Making • Operations Management • Research Methods in Management
Term IV	**Term V**	**Term VI**
• Legal Aspects of Management • Strategic Management-I • Electives (5)	• Strategic Management II • Electives (5)	• Electives (2)

ऊपर दिए गए सिलेबस में कुल 23 कोर विषय हैं और 12 इलेक्टिव विषय हैं। यह संभव है कि ये संस्थानों और कोर्स के हिसाब से अलग-अलग हों। कोर विषय वे होते हैं, जिन्हें छात्रों को अनिवार्य रूप से पढ़ना होता है। इलेक्टिव वे विषय हैं, जिनका चुनाव छात्र अपने स्पेशिलाइजेशन के अनुसार करते हैं और एक स्पेशिलाइजेशन के लिए 5-7 इलेक्टिव विषय लेना आवश्यक होता है। 5-7 इलेक्टिव विषय लेने के लिए छात्रों के पास कम-से-कम 10 से 12 विषयों के ऑप्शन होते हैं, जिनसे वे अपने मनोनुकूल आवश्यक इलेक्टिव चुन सकते हैं। साधारणतया स्पेशिलाइजेशन के क्षेत्र मार्केटिंग, फाइनेंस, एच.आर., आई.टी., ऑपरेशन, इंटरनेशनल बिजनेस इत्यादि होते हैं। स्पेशिलाइजेशन का तात्पर्य यह होता है कि अमुक क्षेत्र के छात्र उसी क्षेत्र में अपना कॅरियर बनाना चाहते हैं और उसकी विशेषज्ञता हासिल कर उसी क्षेत्र में नौकरी की भी शुरुआत करते हैं। उदाहरण के लिए मार्केटिंग स्पेशिलाइजेशनवाले छात्र मार्केटिंग में ही अपना कॅरियर बनाना चाहते हैं और 5-7 इलेक्टिव मार्केटिंग के विषय पढ़कर मार्केटिंग का विशेष ज्ञान अर्जित करते हैं। प्लेसमेंट के दौरान अपनी रुचि के अनुसार मार्केटिंग की नौकरी के लिए प्रयास करते हैं और उसी में शुरुआत भी करते हैं। स्पेशिलाइजेशन भी संस्थानों में दो तरह की होती है—माइनर-मेजर और ड्यूअल। माइनर-मेजर के केस में मेजर स्पेशिलाइजेशन के ज्यादा इलेक्टिव विषय पढ़ने होते हैं और माईनर के कम तथा प्लेसमेंट के समय छात्र की पहली रुचि या प्राथमिकता मेजर क्षेत्र में ही होती है। ड्यूअल में दोनों स्पेशिलाइजेशन क्षेत्रों में इलेक्टिव विषयों की संख्या बराबर होती है

तथा प्लेसमेंट के समय दोनों ही क्षेत्रों की नौकरी को अपनी प्राथमिकता बना सकता है।

छात्रों के लिए यह आवश्यक है कि वे अपनी अभिरुचि को बहुत अच्छी तरह से समझें एवं भविष्य में वे किस प्रकार का कॅरियर बनाना चाहते हैं या कौन सा कॅरियर उन्हें संतुष्टि देगा, यह भली-भाँति परख लें। इसके लिए खुद को समझने के साथ-साथ अपने बड़ों की, अपने सीनियर की, शिक्षकों की राय बहुत मायने रखती है, साथ ही उस समय या आनेवाले 5 वर्षों की अर्थव्यवस्था की दशा, इंडस्ट्री के ट्रेंड, नौकरी की इंडस्ट्री में माँग, इन बातों का विशेष अध्ययन करना चाहिए, जिससे एक सही निष्कर्ष तक पहुँचा जा सकता है। आम तौर पर तीसरे ट्राइमेस्टर के मध्य में इंडस्ट्री विशेषज्ञों से छात्रों का मार्गदर्शन कराया जाता है और वे विस्तार में इंडस्ट्री के तत्कालीन संदर्भ को समझाते हैं, जिसका लाभ छात्रों को अवश्य लेना चाहिए। इसके साथ-साथ अपने अनुभव के आधार पर शिक्षक-जन भी अपने-अपने क्षेत्र—मार्केटिंग, फाइनेंस, एच.आर. एवं अन्य की संभावनाओं के विषय में छात्रों को जानकारी देते हैं। छात्र जब अपना स्पेशिलाइजेशन निश्चित कर लें, उसके बाद उन्हें उस क्षेत्र के विषयों का बारीकी से अध्ययन करना चाहिए, साथ ही इंडस्ट्री में उस क्षेत्र के सभी डेवलपमेंट से अवगत होना चाहिए। इसके अलावा इंडस्ट्री के उस क्षेत्र के विशेषज्ञों से संपर्क बढ़ाना चाहिए और उनका मार्गदर्शन प्राप्त करना चाहिए। यह न केवल ज्ञानवर्धक होता है, बल्कि इंडस्ट्री में अपने आप को स्थापित करने में इससे मदद मिलती है।

कोर या इलेक्टिव, सभी विषय ट्राइमेस्टर सिस्टम में 30 घंटे के होते हैं। प्रत्येक विषय के लिए एक टेक्स्ट किताब दी जाती है, जिसका अध्ययन छात्रों को बारीकी से करना चाहिए और उसके साथ रेफरेंस के लिए कई और किताबें या आर्टिकल्स सुझाए जाते हैं, उनका भी अध्ययन छात्रों को करना चाहिए। विषय के शिक्षक इन्हीं किताबों के आधार पर क्लास के लेक्चर लेते हैं और छात्रों से यह अपेक्षा रहती है कि वे इनका गहन अध्ययन क्लास के बाद करें। प्रत्येक शिक्षक का यह प्रयास होता है विषय के कॉन्सेप्ट्स का व्यावहारिक ज्ञान छात्रों को दें और उन्हें समझाएँ कि वास्तविक जीवन या इंडस्ट्री में उन कॉन्सेप्ट्स का क्या और कैसे उपयोग होता है या किया जा सकता है। उदाहरण के लिए अगर सेल्स का विषय पढ़ाया जा रहा है तो छात्रों

को यह बतलाना कि एक सेल्समैन की क्या खूबियाँ होनी चाहिए, जितना आवश्यक है, उससे कहीं अधिक आवश्यक है, एक वीडियो के माध्यम से वास्तविक जीवन का उदाहरण दिखाना, जहाँ उस वीडियो में एक अच्छे सेल्समैन को अपने गुणों का उपयोग करते हुए, सेल्स करते हुए दिखाया गया हो। आज के युग में किताब की पढ़ाई के साथ-साथ वीडियो असरदार माध्यम है। वीडियो के अलावा व्यावहारिक ज्ञान के लिए 'केस' का भी काफी उपयोग किया जाता है। केस में इंडस्ट्री की वास्तविकताओं का उल्लेख करते हुए विषय के कॉन्सेप्ट्स को समझाने की कोशिश होती है। वास्तविक सिचुएशंस का उल्लेख कर छात्रों के सामने समस्या रखी जाती है और यह अपेक्षा की जाती है कि वे विषयों के कॉन्सेप्ट्स का उपयोग कर समस्याओं का समाधान निकालें। इस तरह सब विषयों में केस के उपयोग से छात्रों का व्यावहारिक पक्ष काफी सुदृढ किया जाता है और बार-बार के प्रयास से उनमें निर्णय क्षमता के विकास का भी काफी मौका मिलता है। दूसरे प्रकार के केस में देश-विदेश की सुप्रसिद्ध कंपनियों के विभिन्न पहलुओं का विवरण होता है, जिसके अध्ययन से छात्रों को उनकी कार्यशैली, उनके व्यापार के घटित अनुकूल या प्रतिकूल परिस्थितियों और उस दौरान लिये गए निर्णयों का पता चलता है। यह छात्रों के व्यावहारिक ज्ञान व निर्णय क्षमता बढ़ाने के लिए काफी लाभप्रद होता है।

प्रत्येक विषय की 30 घंटे की पढ़ाई में आमतौर पर कुछ घंटे, लगभग 20 प्रतिशत अर्थात् 6 घंटे गेस्ट फैकल्टी के लिए निर्धारित किए जाते हैं। ये गेस्ट फैकल्टी इंडस्ट्री के विशेषज्ञ होते हैं, जिनकी उन विषयों पर पकड़ अच्छी होती है और वे छात्रों के बीच में इंडस्ट्री में व्यवहार में आनेवाले पक्ष को रख सकते हैं। छात्रों को अनिवार्य रूप से गेस्ट लेक्चर में मौजूद होना चाहिए और अपने ज्ञानवर्धन के साथ-साथ गेस्ट फैकल्टी से भी जान-पहचान बढ़ानी चाहिए। इस तरह की जान-पहचान से छात्रों को कई तरह के लाभ मिलते हैं।

इंडस्ट्री से जुड़ने और उसकी वास्तविकताएँ जानने का एक और सशक्त माध्यम है 'लाइव प्रोजेक्ट्स'। हर विषय से जुड़े हुए लाइव प्रोजेक्ट्स का लाभ छात्रों को लेना चाहिए। लाइव प्रोजेक्ट्स के अंदर कोई भी कंपनी अपने किसी एक विभाग की किसी खास समस्या का समाधान या सर्वेक्षण छात्रों से स्वतंत्र रूप में या किसी फैकल्टी के निर्देशन में करवाना चाहती है। उदाहरण के लिए

अगर किसी कंपनी को दिल्ली विश्वविद्यालय के इर्द-गिर्द के मार्केट में जैसे कमला नगर, शक्ति नगर, कैंप इत्यादि में युवा वर्ग के लिए स्पोर्ट्र्स-शू का नया मॉडल उतारना हो (लॉन्च करना हो) तो वह कंपनी उस मार्केट का सर्वे करवाना चाहेगी, जिससे वहाँ के छात्रों की माँग और रुचि का पता चल सके या फिर कंपीटीशन के प्रोडक्ट्स को जाना जा सके। इस तरह की जानकारी से कंपनी अपने नए स्पोर्ट्र्स शू के लॉन्च को अधिक प्रभावशाली और कारगर बना सकती है। कंपनी ऐसे सर्वे में मैनेजमेंट संस्थाओं के छात्रों एवं फैकल्टी की सहायता लेती है और उन्हें इस तरह के सर्वे कराकर निष्कर्ष और सुझाव देने का भार सौंपती है।

इस तरह के सर्वे दो से तीन सप्ताह की अवधि के लिए होते हैं और इस दौरान छात्रों को मार्केट से लेकर कस्टमर्स; सभी के विषय में अच्छा ज्ञान हो जाता है और अपनी कक्षा में पढ़े हुए विषयों को जमीनी तथ्यों से जोड़कर वे देख सकते हैं और विषयों की बारीकियों को बेहतर समझ सकते हैं। इस दौरान कंपनी के विशेषज्ञों एवं फैकल्टी के मार्गदर्शन से छात्रों को बहुत लाभ मिलता है। इस प्रकार के विभिन्न विषयों में कई लाइव प्रोजेक्ट्स करने से छात्रों की कुशलता काफी बढ़ जाती है। प्रत्येक छात्र को यह चाहिए कि दो साल के पूरे कोर्स के दौरान अधिक-से-अधिक लाइव प्रोजेक्ट्स का अवसर ढूँढ़े। संस्थान के प्लेसमेंट विभाग, फैकल्टी, अलुमुनाई, इंडस्ट्री गेस्ट, स्वयं के मित्र या जान-पहचान के लोग लाइव प्रोजेक्ट दिलवाने में मददगार साबित होते हैं।

लाइव प्रोजेक्ट से अलग हर विषय में फैकल्टी 'डेस्क प्रोजेक्ट' भी दिया करते हैं, जो काफी उपयोगी होता है। उदाहरण के तौर पर, इकोनॉमिक्स विषय में भारत की अंतरराष्ट्रीय व्यापार संबंधी समीक्षा डेस्क रिसर्च के रूप में दी जा सकती है और छात्रों को विगत एक वर्ष के भारत के अंतरराष्ट्रीय व्यापार का विश्लेषण करना होता है, जिसमें कुल व्यापार का ट्रेंड, सेक्टर के अनुसार ट्रेंड, निर्यात एवं आयात का विवरण, देश, जिनमें निर्यात हो रहे हों और वे देश जहाँ से आयात कर रहे हैं, इन सभी का अध्ययन अपेक्षित होता है, साथ ही इन ट्रेंड्स का विदेशी मुद्रा पर होनेवाले असर और देश की अर्थव्यस्था पर असर का भी अध्ययन छात्रों को करना होता है। ऐसे अध्ययन में छात्रों को संस्थान से बाहर फील्ड में या इंडस्ट्री में नहीं जाना होता, बल्कि वे इंटरनेट, लाइब्रेरी इत्यादि का उपयोग कर इस तरह का विश्लेषण करते हैं। इस तरह

के प्रोजेक्ट भी छात्रों के लिए काफी लाभकारी सिद्ध होते हैं, क्योंकि इनमें किताबी ज्ञान के अलावा व्यावहारिक ज्ञान पर अधिक जोर होता है और छात्रों को इन प्रोजेक्ट्स के माध्यम से अर्थव्यवस्था से लेकर सेक्टर, इंडस्ट्री एवं कंपनी सभी के विषय में जानकारी मिलती है और रिसर्च के प्रति रुचि बढ़ती है। इस तरह की अभिरुचि और इस तरह का अर्जित ज्ञान आगे कॅरियर में भी काफी फायदेमंद होता है।

ग्रुप प्रोजेक्ट हर विषय का अभिन्न अंग होता है। यह एक प्रकार से प्रत्येक विषय के हरेक पहलुओं को कवर करता है और छात्रों से यह अपेक्षा होती है कि वे ग्रुप-प्रोजेक्ट में दी गई समस्या, प्रश्न या परिस्थिति में उक्त विषय में पढ़े गए हरेक पहलू को ध्यान में रखते हुए उनका समाधान या उत्तर दें। छात्रों को बड़ी लगन के साथ इन प्रोजेक्ट को करना चाहिए और मिल-बैठकर अच्छी तरह विचार-विमर्श कर प्रोजेक्ट रिपोर्ट बनानी चाहिए। प्रोजेक्ट रिपोर्ट लिखित में जमा करनी होती है और उसके बाद पूरी क्लास के समक्ष पॉवर प्वाइंट प्रेजेंटेशन देना होता है। प्रेजेंटेशन के दौरान शिक्षक या अन्य छात्र प्रश्न भी करते हैं। प्रोजेक्ट की बारीकियों को जानने-समझने का यह बड़ा ही ज्ञानवर्धक अनुभव होता है। प्रेजेंटेशन में तथ्यों के अलावा प्रेजेंटेशन की शैली, प्रश्नों के जवाब देने का हुनर, कॉन्फीडेंस इत्यादि भी देखा जाता है और छात्रों को इन पर खासा ध्यान देना चाहिए। पूरे कोर्स के दौरान छात्रों को निम्न बातों का जरूर ध्यान रखना चाहिए।

(क) क्लास में नियमित रहें और कम-से-कम क्लास मिस करें।

(ख) क्लास में पढ़ाई गई बातों को नोट करें और उनका विस्तृत अध्ययन बाद में बताई गई टेक्स्ट या रेफेरेंस किताबों से करें।

(ग) शिक्षकों द्वारा दिए पॉवर प्वांइट स्लाइड्स या क्लास नोट्स को काफी महत्त्व दें, क्योंकि परीक्षा से लेकर प्लेसमेंट में ये बहुत काम आते हैं।

(घ) प्रत्येक विषय के हर कॉन्सेप्ट्स को अच्छी तरह समझें और उसके व्यावहारिक उपयोग एवं व्यावहारिक उदाहरणों को जरूर ध्यान में रखें। किताब में दिए गए उदाहरणों पर ध्यान दें और उनसे अपने लिए कुछ सीखने का प्रयास करें।

(ङ) हर कॉन्सेप्ट से संबंधित जितने भी छोटे-बड़े केस मिलें उन्हें

पढ़ें, और उनसे सीख लेने की कोशिश करें। किताबों के अलावा हार्वर्ड बिजनेस रिव्यू एवं आई.वी. के केस उपलब्ध होते हैं, जिनका छात्रों को अध्ययन करना चाहिए।

(च) पुस्तकालय या नेट पर विषय संबंधी वीडियो जरूर देखें और समझें तथा कुछ मूल बिंदुओं को नोट करके रखें। देश-विदेश के विभिन्न क्षेत्रों के लीडरों के भाषण या उनसे संबंधित वीडियो भी देखें। उनके जीवन, उनके अनुभव, उनकी कार्यशैली के विवरण से काफी कुछ सीखने का मौका मिलता है। कंपनी से संबंधित या देश-विदेश की अर्थव्यस्था, सामाजिक व्यवस्था से संबंधित वीडियो देखने या पुस्तक पढ़ने का लाभ होता है।

(छ) करेंट अफेयर्स एवं सामान्य ज्ञान के लिए नियम से रोज अखबार पढ़ें। एक तो जनरल न्यूज पेपर जैसे द टाइम्स ऑफ इंडिया, हिंदुस्तान टाइम्स, हिंदू इत्यादि और साथ में एक बिजनेस न्यूजपेपर जैसे द इकानॉमिक टाइम्स, बिजनेस स्टैंडर्ड, मिंट इत्यादि। प्रयास यह हो कि अंग्रेजी के ही अखबार पढ़े जाएँ, जिससे कि अंग्रेजी भाषा की भी पकड़ अच्छी बनेगी।

अखबार के अलावा बिजनेस टुडे, बिजनेस वर्ल्ड जैसी मैगजीन भी पढ़ी जानी चाहिए। वर्तमान में तो ये सभी अखबार एवं मैगजीन ऑन लाइन उपलब्ध होने लगे हैं, जिससे पढ़ना और सुलभ हो गया है। इनके अलावा नेट पर और भी कई उपयोगी साइट्स होती हैं, जिनसे हर प्रकार की सूचना का लाभ मिलता है। अब तो स्मार्ट फोन पर मोबाइल एप्स भी उपलब्ध हैं, जिनसे छात्रों को 24×7 सुविधाएँ मिलती रहती हैं।

(ज) खुद की पढ़ाई करने के अलावा यह भी अत्यावश्यक है कि पढ़ाई, विचार-विमर्श, विषयों का या केस का डिस्कशन ग्रुप में किया जाए। ग्रुप में की गई पढ़ाई या डिस्कशन का लाभ बहुत अधिक होता है और छात्र एक-दूसरे से बहुत कुछ सीखते हैं। हर छात्र की अपनी सोच होती है, समझ होती है, जो एक-दूसरे से शेयर करते हैं और उसका बहुत अधिक लाभ मिलता है।

(झ) शिक्षकों से बराबर संपर्क में रहना और उनसे विषयों के हर

पहलू को समझना और जरूरत पड़ने पर ट्यूटोरियल क्लास के लिए भी आग्रह करना।

(ञ) कई छात्र सिर्फ अपने संस्थान के ही मित्रों तक सीमित नहीं होते, बल्कि वे दूसरे अच्छे संस्थानों के छात्रों के संपर्क में भी रहते हैं। वहाँ पढ़ाए जा रहे विषयों, केस, वीडियो इत्यादि को एक-दूसरे से शेयर करते हैं और इस तरह सीखने-सिखाने का दायरा बहुत बड़ा हो जाता है। छात्रों में इस तरह का नेटवर्क आगे प्लेसमेंट व कॅरियर तक में काफी लाभप्रद होता है इसीलिए इस पर छात्रों को विशेष ध्यान देना चाहिए।

(ट) कई छात्र शिक्षकों के रिसर्च कार्य में सहयोग करते हैं। शिक्षकों की रिसर्च काफी गहन होती है और उनके साथ काम करने पर छात्रों की भी उन विषयों पर बेहतर पकड़ हो जाती है, साथ ही कई शिक्षक छात्रों को प्रोत्साहित करने के लिए रिचर्स पेपर में छात्रों का भी नाम शामिल कर देते हैं, जो छात्र के कॅरियर में काफी लाभ पहुँचाता है। इंडस्ट्री में रिसर्च से जुड़े रहे छात्रों की विशेष पूछ हो जाती है। अतः यह भी एक उपयोगी पहल है, जिसे छात्रों को अपना लेना चाहिए।

(ठ) अपनी रुचि के अनुसार बड़े ही सोच-समझकर सलाह-मशविरा कर अपना स्पेशलाइजेशन तय करना चाहिए और उसके अंदर के इलेक्टिव विषयों का चुनाव भी। स्पेशलाइजेशन के अनुसार ही समर इंटर्नशिप की कंपनी व उसके द्वारा दिए जानेवाले प्रोजेक्ट का चयन करना चाहिए, क्योंकि इन सभी का सीधा संबंध प्लेसमेंट व आगे के कॅरियर से होता है।

□

7

समर इंटर्नशिप

दो वर्ष के कोर्स के दौरान, तीसरे ट्राइमेस्टर के अंत के बाद अकसर अप्रैल के अंत में छात्रों को समर इंटर्नशिप पर भेजा जाता है। जैसा कि पहले भी कहा गया; समर इंटर्नशिप कम-से-कम आठ हफ्ते की होती है और इस दौरान छात्रों को किसी-न-किसी कंपनी से जुड़कर उनके द्वारा बताए गए विषय और निर्धारित जगह पर काम करना होता है। कंपनी छात्रों को अपने यहाँ की कुछ तात्कालिक समस्याओं के अध्ययन का काम दे सकती है। उदाहरण के लिए अगर कोई खास प्रोडक्ट मार्केट में नहीं बिक रहा हो तो कंपनी चाहेगी कि उनके कारणों का पता लगाए और इस समस्या को एक प्रोजेक्ट का रूप देकर छात्रों को यह काम दिया जाता है। दूसरी तरफ किसी कंपनी में अपने यहाँ के एम्प्लॉइज की ट्रेनिंग की जरूरतों का पता करना हो तो उसे और एक प्रोजेक्ट के रूप में छात्रों को कंपनी में एम्प्लॉइज के सर्वे का काम दे सकते हैं। यह प्रोजेक्ट एच.आर. विभाग के अंतर्गत आता है, जबकि पहलेवाला मार्केटिंग या सेल्स विभाग के अंदर। फाइनेंस के क्षेत्र में प्रोजेक्ट के रूप में छात्रों से किसी खास चीज के उत्पादन के सर्वे और खर्चे में संभावित कटौती के अध्ययन का काम दिया जा सकता है।

पूरे कोर्स में छात्रों के लिए यह पहला मौका होता है, जब वे जमीनी हकीकत से रूबरू होते हैं और किसी भी इंडस्ट्री या कंपनी से वास्तविक रूप से जुड़ पाते हैं। समर इंटर्नशिप के जरिये उन्हें पहला मौका मिलता है कि कंपनी में स्वयं जाकर वहाँ की व्यवस्था व कार्यकलापों से जुड़ सकें। कंपनी के प्रोफेशनल्स

एवं विभागीय विशेषज्ञों के साथ काम करके उन्हें नई चीजें सीखने को मिलती हैं और साथ में क्लास में पढ़ाए गए विषयों एवं कॉन्सेप्ट्स का व्यावहारिक उपयोग भी समझ में आता है। इन प्रोजेक्ट्स पर छात्रों को अपने फैकल्टी से भी मार्गदर्शन मिलता है और उन्हें समझाया जाता है कि विषयों के कौन से कॉन्सेप्ट्स, टूल्स दी गई समस्याओं के समाधान में उपयोग में लाए जा सकते हैं।

छात्रों के लिए यह आवश्यक है कि वे समर इंटर्नशिप को बहुत अधिक महत्त्व दें और कंपनी द्वारा दिए गए काम को ईमानदारी और मेहनत से पूरा करें। काम के दौरान कंपनी के प्रोफेशनल एवं विशेषज्ञों से संपर्क रखें और मार्गदर्शन लेते रहें और साथ में अपने फैकल्टी के संपर्क में भी रहें। अच्छे काम का नतीजा जहाँ ज्ञान और कौशल अर्जित करने में होता है, वहीं आगे चलकर अच्छे प्लेसमेंट में भी मदद करता है। कई कंपनियाँ छात्रों को उनके उम्दा काम, कार्यशैली एवं अर्जित ज्ञान के आधार पर प्लेसमेंट ऑफर करती हैं, जिसे प्री-प्लेसमेंट ऑफर कहते हैं। प्री-प्लेसमेंट ऑफर के तहत छात्रों की नौकरी पक्की हो जाती है और शेष कोर्स खत्म होने पर छात्र अगर चाहे तो उस कंपनी को ज्वॉइन कर सकता है, जिसकी लिखित में कंपनी को पुष्टि करनी पड़ती है। छात्र प्री-प्लेसमेंट न लेकर दूसरी कंपनी में प्लेसमेंट के लिए भी बैठ सकता है। किसी भी संस्थान के लिए उसके छात्रों को प्री-प्लेसमेंट ऑफर मिलना उसके लिए गौरव की बात होती है और छात्र स्वयं भी काफी गौरवान्वित होते हैं। आई.आई.एम में प्री-प्लेसमेंट ऑफर बहुतायत में होते हैं और इस कारण उनकी छवि काफी बढ़िया बनी हुई है।

समर इंटर्नशिप के दौरान दी गई समस्या के अध्ययन के बाद छात्रों को एक लिखित रिपोर्ट एवं एक प्रेजेंटशन कंपनी के सामने देना होता है, जहाँ कंपनी के प्रोफेशनल एवं विशेषज्ञ उनका मूल्यांकन करते हैं। एक ओर जहाँ वे छात्र के काम का आकलन करते हैं, दूसरी तरफ उनके निष्कर्षों एवं सुझावों को कंपनी में कैसे लागू किया जाए, इस पर भी विचार करते हैं। छात्रों का काम जितना ही कंपनी के लिए उपयोगी होता है, उतना ही वह काम बेहतर माना जाता है। मैनेजमेंट संस्थान के नियमानुसार कंपनी को अपना आकलन भेजना होता है और कंपनी द्वारा दिए गए अंक संस्थान के द्वारा दिए गए अंकों के साथ जुड़ते हैं और तब दोनों के अंकों के जोड़ के आधार पर छात्रों को समर इंटर्नशिप के रिजल्ट दिए जाते हैं। साधारणतया, इसके कुल अंकों का योग

100 या 200 होता है। संस्थान के नियमानुसार, छात्रों को समर इंटर्नशिप से वापस आने के बाद एक लिखित रिपोर्ट जमा करनी होती है और एक प्रेजेंटेशन देना होता है, जिसके आधार पर ही संस्थान उन्हें अंक देता है, साथ में छात्रों को अपनी कंपनी के गाइड (प्रोफेशनल/विशेषज्ञ) से लाया गया सर्टिफिकेट भी देना होता है, जिसमें गाइड यह प्रमाणित करता है कि अमुक छात्र ने संतोषजनक काम किया है और उसके काम को कंपनी ने स्वीकृत किया है।

समर इंटर्नशिप के आधार पर कई छात्र अपने फैकल्टी के साथ मिलकर रिसर्च पेपर, केस लिखते हैं, जो छात्रों के कॅरियर के लिए काफी लाभप्रद होता है। इसी दौरान देश के विभिन्न संस्थानों द्वारा समर इंटर्नशिप कंपीटीशन का आयोजन किया जाता है, जिसमें छात्रों को अवश्य भाग लेना चाहिए। ऐसे कंपीटीशन के फाइनल राउंड में पहुँचनेवालों को उनके प्रेजेंटेशन एवं प्रश्नोत्तरी राउंड के आधार पर पुरस्कृत भी किया जाता है, जिसका इंडस्ट्री में काफी मान होता है। ऐसे कंपीटीशन में छात्रों को अपने किए गए प्रोजेक्ट का विवरण देना होता है और इनकी गुणवत्ता के आधार पर उनका फाइनल राउंड में चयन होता है, जहाँ पर प्रेजेंटेशन के बाद प्रथम, द्वितीय, तृतीय स्थान घोषित होता है। आजकल ऐसे कंपीटीशन आई.आई.एम. एवं अन्य अग्रणी संस्थानों के अलावा AIHA, AIMA, NHRD द्वारा भी आयोजित किए जाते हैं। मीडिया चैनल CNBC जैसा भी, ऐसे कंपीटीशन का आयोजन करता है।

समर इंटर्नशिप से संबंधित कुछ और महत्त्व की बातें नीचे दी गई हैं—

(i) समर इंटर्नशिप के लिए सर्वप्रथम छात्रों को अपना स्पेशियलाइजेशन निश्चित कर लेना चाहिए और इस विषय में आवश्यक बातें पहले की जा चुकी हैं।

(ii) स्पेशियलाइजेशन अर्थात् मार्केटिंग, फाइनेंस, एच.आर. इत्यादि निश्चित होने पर इस क्षेत्र में प्रोजेक्ट देनेवाली कंपनियों में चयन के लिए छात्रों को बैठना चाहिए।

(iii) कंपनी, इंटर्नशिप के लिए छात्रों का इंटरव्यू करती है और उनके परफॉरमेंस के आधार पर उनका चुनाव करती है।

(iv) कंपनी में इंटरव्यू के लिए छात्रों को अच्छी तैयारी करनी चाहिए। विषयों से संबंधित एवं कंपनी व इंडस्ट्री से संबंधित भी।

(v) कंपनी में चयन हो जाने के बाद और कंपनी ज्वॉइन करने के उपरांत,

जो प्रोजेक्ट मिले, उससे संबंधित जितना अध्ययन हो सके, छात्रों को करना चाहिए।

(vi) अध्ययन के आधार पर व कंपनी के विशेषज्ञों एवं फैकल्टी के मार्गदर्शन में एक प्रोजेक्ट सिनोपसिस लिखना चाहिए, जिसमें कंपनी, प्रोजेक्ट का उद्देश्य, प्रोजेक्ट करने की मेथोडोलॉजी, उपयोग में आनेवाले टूल्स का विवरण हो। यह आगे के काम के लिए दिशा-निर्देश का काम करता है।

(vii) समर इंटर्नशिप के प्रोजेक्ट के दौरान अन्य संस्थानों के छात्र भी कंपनी में उसी या किसी दूसरे प्रोजेक्ट के लिए चयन किए जाते हैं, जिनसे मिल-जुलकर काम करना चाहिए और साथ ही उनके साथ मेल-जोल बढ़ाना चाहिए। ऐसे नेटवर्क आगे कॅरियर में काफी लाभप्रद होते हैं।

(viii) छात्रों को यह अवश्य ध्यान रखना चाहिए कि समर इंटर्नशिप को किसी भी तरह नजरअंदाज न करें और न ही किसी जान-पहचान के माध्यम से फर्जी सर्टिफिकेट या प्रोजेक्ट लेने का प्रयास करें। पकड़े जाने पर जहाँ संस्थान सख्त काररवाई करता है, कोर्स से बाहर तक कर देता है, वहीं दूसरी ओर छात्र सीखने का एक सुनहरा मौका गँवा देते हैं, जो उनके प्लेसमेंट के लिए भी सहायक नहीं होता है। कई छात्र ऐसे गलत कदम उठाकर इस दौरान घर पर रहकर आराम कर रहे होते हैं, जो कि सर्वथा गलत है और ऐसा न छात्रों को करना चाहिए और न ही उनके माताा-पिता को उन्हें प्रश्रय देना चाहिए।

□

8

बहुआयामी व्यक्तित्व

मैनेजमेंट कॅरियर में एक होलिस्टिक व्यक्तित्व की बड़ी पूछ होती है। तो होलिस्टिक व्यक्तित्व से तात्पर्य वैसे व्यक्तित्व से है, जो न सिर्फ पढ़ाई में कुशल हो और अच्छे ग्रेड से पास हुआ हो, बल्कि वैसा व्यक्तित्व, जिसके पास व्यावहारिक कौशल हो, कॉन्फिडेंट हो, अच्छे कम्युनिकेशन में माहिर हो, लोगों को टीम में लेकर चलने की क्षमता रखता हो, अपनी बातें एवं रायों से लोगों को संतुष्ट रखने तथा अपने साथ आगे ले चलने का कौशल भी रखता हो। वैसा व्यक्तित्व, जो विपरीत या विषम परिस्थितियों में धैर्य रखता हो, घबराता न हो और सही निर्णय लेने में सक्षम होता हो। प्रसन्नचित्त, हँसमुख रहता हो और दूसरों की परेशानियों को दूर करने में आगे आता हो।

व्यक्तित्व के ये सभी पहलू किसी भी व्यक्ति को जन्म से नहीं मिलते और न ही सभी कुछ विरासत उन्हें देती है। इन सभी गुणों के कुछ अंश तो व्यक्ति में उम्र एवं अनुभव से आते हैं, लेकिन बहुत ऐसे गुण हैं, जो तभी परिपक्व होते हैं, जब उनके सामने परिस्थितियाँ आती हैं या उन्हें उन गुणों या कौशल को आजमाने का मौका मिलता है। इंडस्ट्री या कॉरपोरेट जगत् की परिस्थितियों में ऐसे गुणों की काफी आवश्यकता होती है और जिन प्रोफेशनल्स के व्यक्तित्व में ऐसे गुण पाए जाते हैं, वे अपनी जिम्मेदारियों में और अपने कॅरियर में काफी सफल होते हैं। कंपनियों द्वारा प्लेसमेंट्स के दौरान चयन में या फिर आगे उनके वार्षिक अप्रेजल में भी इन गुणों का गंभीरता से आकलन होता है और जो लोग इन मानकों पर भी खरे उतरते हैं, उनका कॅरियर ग्राफ काफी ऊँचा जाता है, वैसे लोग अपने

कार्य क्षेत्र में काफी आगे बढ़ते हुए पाए गए हैं।

ऊपर चर्चा किए गए तथ्यों को ध्यान में रखकर, प्रत्येक मैनेजमेंट संस्थान का कोर्स के दौरान यह भी प्रयास होता है कि वह पढ़ाई के साथ-साथ इन पहलुओं पर भी छात्रों के विकास का ध्यान दे। पढ़ाई एवं पढ़ाई से संबंधित तमाम इनीशिएटिव के साथ-साथ प्रत्येक संस्थान में एक्स्ट्रा करिकुलर एक्टिविटीज पर खासा ध्यान दिया जाता है। इसके अंतर्गत मैनेजमेंट फेस्टिवल से लेकर स्पोर्ट्स, समाजसेवा से लेकर सांस्कृतिक पहलुओं से संबंधित कार्यक्रम आयोजित होते हैं। प्रत्येक स्पेशियलाइजेशन के अंतर्गत क्लब बनाए जाते हैं, जिनका उद्देश्य पूरे वर्ष के दौरान कार्यक्रम का आयोजन करना होता है।

मार्केटिंग क्लब, फाइनेंस क्लब, एच.आर.क्लब., कम्युनिकेशन क्लब, ऑपरेशन क्लब, आई.टी. क्लब मुख्य रूप से बनाए जाते हैं, जिनमें प्रत्येक छात्र एक या एक से अधिक क्लब का सदस्य होता है। क्लब की कुछ प्रमुख गतिविधियों में सामाजिक विषयों पर चर्चा के लिए कॉन्क्लेव का आयोजन करना, इंडस्ट्री के अनुभवी प्रोफेशनल की गेस्ट-टॉक कराना, क्विज प्रतियोगिता का आयोजन कराना, वाद-विवाद प्रतियोगिता का आयोजन कराना होता है। इसके अतिरिक्त क्लब अपनी पत्रिका भी निकालते हैं, जिसके संपादन से लेकर उसकी पब्लिशिंग इत्यादि का काम छात्रों के ही जिम्मे होता है। क्लब अपने कार्यकलापों एवं लोगों में प्रचार-प्रसार के लिए फेसबुक पेज या वेबसाइट भी बनाते हैं। उल्लेखनीय यहाँ यह है कि ये सारी गतिविधियाँ छात्रों द्वारा ही आयोजित की जाती हैं और आयोजित कार्यक्रमों में भागीदारी भी इन्हीं की होती है, यहाँ तक कि बहुत सारे कार्यक्रमों में वे दूसरे संस्थानों के छात्रों को भी आमंत्रित करते हैं और इससे एक स्वस्थ स्पर्द्धा का माहौल बनता है।

स्पोर्ट्स और मैनेजमेंट फेस्टीवल जैसे कार्यक्रम काफी बड़े स्तर पर होते हैं और इसमें कोशिश होती है कि देश भर के दूसरे संस्थानों के छात्रों की भी भागीदारी हो। दर्जनों संस्थान के छात्र ऐसे आयोजनों में भाग लेते देखे जाते हैं, बल्कि साल-दर-साल छात्र इन आयोजनों का इंतजार करते होते हैं। इन कार्यक्रमों के आयोजन के लिए भी कमेटी बनती है, जिसके छात्र सदस्य ही प्रमुख रूप से आयोजन में आगे आते हैं। कॉलेज तो पैसे देता ही है, साथ ही ये छात्र बाहर कंपनियों से स्पॉनसरशिप भी इकट्ठी करते हैं। इन कार्यक्रमों में या इनसे अलग भी कई तरह के सांस्कृतिक कार्यक्रमों का आयोजन होता है जैसे—सिंगिंग

कंपीटीशन, डांस कंपीटीशन, फैशन शो, बैंड आदि-आदि। SPIC-MACAY जैसी राष्ट्रीय-स्तर की संस्था के सहयोग से भारतीय संस्कृति से जुड़े प्रमुख गायन, नृत्य विधाओं के बड़े-बड़े कलाकारों का भी कार्यक्रम आयोजित किया जाता है। इसी संस्था के अंतर्गत हेरिटेज वॉक का भी आयोजन होता है, जहाँ छात्र अपने देश के इतिहास और विरासत से परिचित होते हैं। पुरानी क्लासिक मूवीज का भी आयोजन SPIC-MACAY द्वारा किया जाता है। इससे अलग मूवी क्लब रेगुलर अंतराल पर मूवी-शो कराते हैं और वैसी मूवी का शो करते हैं, जिसका संबंध मैनेजमेंट से या उसके विभिन्न पहलुओं से होता है। उदाहरण के लिए आमिर खान की मूवी 'लगान' में टीम बिल्डिंग, नेतृत्व, क्राइसिस मैनेजमेंट, मैन मैनेजमेंट आदि का बड़ा अच्छा उदाहरण मिलता है, जिसे फैकल्टी विशेषज्ञ छात्रों को बारीकी से समझाते हैं।

लिटरेरी क्लब के छात्रों में लिट्रेचर के प्रति रुझान जताता है और छात्रों को प्रेरित करता है कि वे लाइब्रेरी में उपलब्ध नोवल, फिक्शन पुराने क्लासिक को पढ़ें, जिससे न सिर्फ उनके सोच का दायरा बढ़े, इमेजिनेशन बढ़े, बल्कि उनके लिखने और बोलने के कौशल में भी सुधार आए। यह क्लब अकसर बुक रिव्यू जैसे कार्यक्रमों का आयोजन करता है और जिनका रिव्यू श्रेष्ठ है उन छात्रों को पुरस्कृत भी किया जाता है।

कॉरपोरेट रिस्पोंसिबिलिटी क्लब (सी.एस.आर.), इंटरप्रिन्योरशिप क्लब, कॉन्फ्रेंस क्लब, इंटरनेशनल रिलेशन क्लब कुछेक और क्लब हैं, जिनके कार्यकलाप काफी महत्त्व के हैं और इनके आयोजन एवं इनकी भागीदारी का बड़ा लाभ छात्रों को मिलता है। सी.एस.आर. क्लब समाज या समाजकल्याण से जुड़े कार्यक्रम का आयोजन करता है। उदाहरण के लिए वृक्षारोपण का कार्यक्रम, हेल्थचेकअप कार्यक्रम, नेत्र-चेकअप शिविर, रक्तदान शिविर, गरीब बच्चों के लिए स्वतंत्रता दिवस या गणतंत्र दिवस पर विशेष आयोजन, एन.जी.ओ. के साथ मिलकर कई तरह की समाजसेवा का काम आयोजित किया जाता है। छात्रों में इनसे जागरूकता और समाज के प्रति जिम्मेदारी बढ़ती है, जो उन्हें आगे कॉरपोरेट जगत् में इस तरह के कार्यों के प्रति प्रेरित करती है।

इंटरप्रिन्योरशिप क्लब आज के संदर्भ में अहम् भूमिका निभाता है। स्किल डेवलपमेंट से लेकर कैंपस कंपनी या स्टार्टअप की शुरुआत में इस क्लब की अहम् भूमिका होती है। माई स्टोरी सेशन जैसे कार्यक्रम में सफल इंटरप्रेन्योर्स

को बुलाक़र उनकी सफलता की कहानी छात्रों में शेयर की जाती है, जो छात्रों को इंटरप्रिन्योर बनने के प्रति प्रोत्साहित करती है। छात्र विभिन्न क्लसटर्स में जाकर वहाँ के उद्योगों, कामगारों एवं वहाँ के उद्योग को स्थापित करनेवालों से बातचीत करते हैं और उद्योगों के चलाने की बारीकियों को समझते हैं, जिनका लाभ उन्हें स्वयं की परियोजनाओं में भी मिलता है।

कॉन्फ्रेंस क्लब साल में एक बड़ी कॉन्फ्रेंस जरूर आयोजित करती है और इसका लाभ आयोजन कर रहे छात्रों को मिलता है। इंटरनेशल रिलेशन क्लब के सदस्य, संस्थान का संपर्क बाहर की यूनिवर्सिटी एवं संस्थानों से स्थापित करते हैं। साल में बाहर के छात्र एवं फैकल्टी का आना और उसी प्रकार छात्रों एवं यहाँ की फैकल्टी का बाहर जाना मुख्य रूप से इनका ही आयोजन होता है। क्लब से जुड़े हुए सदस्य या अन्य छात्र, जिन्हें बाहर जाकर अध्ययन करने एवं वहाँ की इंडस्ट्री को देखने-समझने का मौका मिलता है, उनके लिए यह अवसर काफी लाभप्रद सिद्ध होता है। इसका लाभ उन्हें अच्छी कंपनियों में प्लेसमेंट में भी होता है।

इनके अलावा छात्रों को कई और भी अवसर मिलते हैं, जहाँ वे अपने कौशल को विकसित कर सकते हैं। डिसिप्लिन कमेटी, एकेडमिक प्रोग्राम कमेटी, प्लेसमेंट कमेटी, एडमीशिन कमेटी, मीडिया रिलेशन कमेटी, हॉस्टल एवं मेस कमेटी, स्टूडेंट वेलफेयर कमेटी, इन तमाम कमेटियों में सदस्य होकर छात्र काम कर सकते हैं और संस्थान के क्रियाकलापों को सुचारु रूप से चलाने में अपना योगदान दे सकते हैं। ये सभी ऐसे अवसर हैं, जहाँ सक्रिय होकर छात्र अपने कौशल, अपने व्यक्तित्व, अपनी परिपक्वता को निखार सकते हैं। यह अनुभव उन्हें प्लेसमेंट के दौरान मदद करता है। अतः छात्रों को यह ध्यान देना चाहिए कि अच्छी पढ़ाई-लिखाई के साथ-साथ उन्हें एक्स्ट्रा करिकुलर कार्यों में भी सक्रिय भूमिका निभानी है।

□

9

ट्रेनिंग व प्लेसमेंट

दो वर्षों के मैनेजमेंट कोर्स का अहम् पड़ाव होता है प्लेसमेंट यानी कि छात्रों का किसी-न-किसी कंपनी में मनोनुकूल संतोषप्रद रोजगार मिलना। एक ओर जहाँ यह छात्रों के भविष्य के लिए महत्त्वपूर्ण है, दो वर्षों के कोर्स के दौरान कड़ी मेहनत का प्रतिफल है, वहीं दूसरी ओर संस्थानों के लिए भी यह महत्त्व का विषय है कि उसके छात्रों का कैंपस में आई हुई कंपनियों ने चयन किया, जिससे संस्थान के कोर्स एवं उसके द्वारा दी गई शिक्षा-दीक्षा की साख स्थापित हो।

जैसा कि पहले भी कहा गया कि संस्थानों में प्रत्येक वर्ष देश की घरेलू या मल्टीनेशनल कंपनीज छात्रों को रोजगार देने के लिए, उनके चयन हेतु आती हैं। यह कंपनी के अपने वार्षिक प्लान के अनुरूप होता है, जिसके अनुसार वे अपने विभिन्न विभागों के मानव संसाधन की जरूरतों को पूरा करते हैं। देश भर में प्रतिष्ठित एवं स्थापित संस्थानों के छात्रों का, जिनका पिछले वर्षों में रिकॉर्ड अच्छा रहा है, वहाँ कंपनियाँ छात्रों के चयन के लिए हर वर्ष जाती हैं। संस्थानों का इन कंपनियों के साथ अच्छा संबंध होता है और पूरे वर्ष के दौरान कोशिश होती है कि छात्र किसी-न-किसी रूप में कंपनियों से जुड़े रहें और दूसरी ओर कंपनी के प्रोफेशनल्स भी संस्थान से जुड़कर छात्रों को अपना अनुभव व ज्ञान बाँटा करें।

आमतौर पर प्लेसमेंट के दौरान कंपनियाँ मैनेजमेंट ट्रेनी के पद पर छात्रों को बहाल करती हैं और छह माह से साल भर की ट्रेनिंग के बाद छात्रों को

रेगूलर रोजगार में रखती हैं। कई दूसरी कंपनियाँ मैनेजमेंट ट्रेनी के अलावा एक्जीक्यूटिव पद पर बहाल करती हैं। ये बहाली मुख्यत: मार्केटिंग, सेल्स, फाइनेंस, एच.आर., ऑपरेशन और कंपनी के अन्य विभागों में की जाती है। इन विभागों के लिए अपेक्षित मानदंड होते हैं और छात्रों में उन पर आधारित ज्ञान और कौशल की अपेक्षा की जाती है। कुल मिलाकर एक सक्षम उम्मीदवार में एक कंपनी निम्न गुण देखती है—

- अपने आसपास से लेकर देश-विदेशों में हो रही गतिविधियों की जानकारी, खासतौर पर आर्थिक, व्यापार, राजनैतिक एवं समाज से संबंधित।
- इन तमाम गतिविधियों, स्थितियों की जानकारी के साथ-साथ उनसे संबंधित विश्लेषण एवं स्वयं की राय रखना और अपने पक्ष की बात को रख पाना।
- विषयों की जानकारी, खास करके जिस विभाग में चयन होना हो, उससे संबंधित विषयों की विशेष जानकारी होना। विभागीय कार्यों में उन विषयों का क्या संबंध है और उनका व्यावहारिक उपयोग कैसे किया जा सकता है, इसकी समझ भी परिपक्व होनी चाहिए।
- कम्यूनिकेशन शैली व क्षमता की अपेक्षा काफी अधिक होती है। शुद्ध बोलना और अच्छी शैली में बोलना, दोनों अनिवार्य होता है। कितना स्पष्ट अपनी बातों को रख सकते हैं और बोली गई बातों का कंटेंट कितना संगत होता है, इस पर भी विशेष ध्यान दिया जाता है।
- व्यक्तित्व में कितना कॉन्फिडेंस झलकता है और एक छात्र के मूल्य कैसे हैं, अपनी बातों में ईमानदार है या नहीं, इन बातों का भी खासा ध्यान कंपनियाँ रखती हैं।
- कुछ खास स्थितियों, खास करके दबाव की स्थिति में छात्र का व्यवहार, उनके रिस्पॉन्स कैसे होते हैं, इन पर भी बारीकी से नजर रखी जाती है।

प्लेसमेंट के समय कंपनी सर्वप्रथम यह बतलाती है कि कौन-कौन से विभाग में उसे छात्रों की आवश्यकता है और कई बार कंपनी यह भी बता देती है कि कितने लोगों की आवश्यकता है। प्रत्येक विभाग में किस पोजिशन पर किस तरह की जिम्मेदारियाँ अपेक्षित होगा, इसका विस्तृत विवरण कंपनियाँ

संस्थान को देती हैं, जिनको छात्रों में शेयर किया जाता है। फिर कंपनी संस्थान में अपने आने के दिन की सूचना देती है। उक्त दिन सबसे पहले कंपनी छात्रों को संबोधित कर (प्री-प्लेसमेंट टॉक) उन्हें फिर से कंपनी के विषय में, पॉजिशन एवं कार्य के विषय में एवं पैकेज के बारे में बताती है। इनमें वही छात्र बैठते हैं, जो पूर्व सूचना के आधार पर आए हुई कंपनी में इच्छुक होते हैं। प्री-प्लेसमेंट टॉक के बाद कंपनी चयन की प्रक्रिया शुरू करती है, जो कई राउंड में पूरी की जाती है। इनमें से मुख्यत: एपटीट्यूड टेस्ट, जी.डी. और पर्सनल इंटरव्यू होते हैं।

कंपनी इनमें से कोई दो या तीनों राउंड में चयन प्रक्रिया अपनाती हैं। दिनभर की प्रक्रिया के बाद कंपनी चुने गए छात्रों का नाम संस्थान को बता देती है और संस्थान अपने नियम के अनुसार उसी समय या दिए समय-सीमा के अंदर छात्रों को बता देती है। कुछेक कंपनियाँ छात्रों को शॉर्टलिस्ट कर उनका एक फाइनल राउंड अपने कंपनी के वरिष्ठ अफसर या पैनल से कराती है, वैसी स्थिति में छात्रों के नाम की घोषणा फाइनल राउंड के बाद होती है। हर संस्थान के प्लेसमेंट की कुछ नियमावली होती है, जिसे हर छात्र को मानना होता है। इससे संबंधित हर छात्र को एक अंडरटेकिंग साइन करनी होती है और नियम के नहीं पालन करने पर वैसे छात्र को प्लेसमेंट प्रोसेस से अलग कर दिया जाता है। वर्तमान में साधारणत: किसी भी कंपनी के प्लेसमेंट में चयन हो जाने पर और नाम घोषित होने के बाद किसी और कंपनी में नहीं बैठने दिया जाता। छात्र को उसी कंपनी में ज्वॉइन करना होता है जहाँ उसका पहले चयन हो चुका होता है, फिर भी कई संस्थान में अगर कोई दूसरी कंपनी बहुत अधिक पैकेज दे रही है और उसमें चयन किया हुआ छात्र एलीजीबल होता है तो उसे वहाँ एक मौका अवश्य दिया जाता है। दूसरी तरफ किसी भी कंपनी में एलीजिबल होने पर अगर कोई छात्र उसके लिए इच्छुक होकर अपना नाम दे चुका होता है और कंपनी के आने पर अगर वह छात्र उसमें भाग नहीं लेता है तो प्लेसमेंट कमेटी उस पर काररवाई करती है। अगर कोई संतोषजनक कारण नहीं पाया गया तो छात्र की अनुपस्थिति के लिए उसे आगे की कंपनियों में नहीं बैठने दिया जाता और प्रोसेस से बाहर कर दिया जाता है। इसी प्रकार नियमावली में इसका भी जिक्र होता है कि प्लेसमेंट से संबंधित तैयारी के लिए ट्रेनिंग में कितनी उपस्थिति अनिवार्य होती है। सामान्य क्लास में कितनी उपस्थिति

आवश्यक होती है और रिजल्ट में कितने न्यूनतम अंक होने चाहिए (सी.जी.पी.जी.)। छात्र को जहाँ एक ओर प्लेसमेंट प्रक्रिया को पूरी तरह समझना आवश्यक है, वहीं दूसरी ओर उन्हें प्लेसमेंट प्रक्रिया की तैयारी में एड़ी-चोटी का जोर लगाने की भी आवश्यकता है। प्लेसमेंट की तैयारी के संदर्भ में निम्न बातें समझना आवश्यक है।

(1) सर्वप्रथम छात्रों को समर इंटर्नशिप से आने के बाद टर्म-4 के खत्म होने तक अपना बायोडाटा (सी.वी) बना लेना चाहिए। सी.वी बनाने के लिए कई प्रारूप (टेंपलेट) होते हैं, जिनमें से एक टेंपलेट (परिशिष्ट 2) में दिया गया है। इस सी.वी. में व्यक्तिगत सूचना के साथ-साथ पूरा शैक्षणिक विवरण दिया जाना चाहिए। कुछ महत्त्वपूर्ण सूचनाएँ जैसे स्पेशियलाइजेशन, समर इंटर्नशिप का विषय एवं अन्य विवरण, कोर्स के दौरान विभिन्न प्रोजेक्ट्स, विभिन्न प्रतियोगिताएँ, जहाँ भाग लिया हो और कुछ विशेष उपलब्धियों का जिक्र होना चाहिए। इसके अलावा एक्स्ट्रा करिकुलर से संबंधित विवरण एवं अपनी हॉबिज का भी विवरण देना चाहिए। ध्यान रहे कि कोई भी गलत, असत्य सूचना सी.वी. में नहीं दें और जितनी सूचना रहे, उसके विषय में छात्र पैनेल के सदस्यों को पूरी तरह संतुष्ट कर सकें। सी.वी. किसी भी छात्र का प्रतिबिंब होता है, अतः इस पर पूरा ध्यान दिया जाना चाहिए।

(2) जैसा पहले कहा जा चुका है, छात्रों को अपना स्पेशियलाइजेशन एवं उनसे संबंधित विषयों को समर इंटर्नशिप से पहले ही निश्चित कर लेना चाहिए। उसके बाद निरंतर प्लेसमेंट के करीब आने-आने तक उन सभी विषयों का गहन अध्ययन करना चाहिए। कोर विषयों में भी, जिनका स्पेशियलाइजेशन या अमुक जॉब से संबंध हो, उनका विशेषरूप से अध्ययन करना चाहिए। विषयों के अध्ययन में मुख्य कॉन्सेप्ट्स की जानकारी एवं कॉन्सेप्ट्स का व्यावहारिक उपयोग, इस पर गहरी पकड़ होनी चाहिए। इसके लिए फैकल्टी छात्रों को मुख्य कॉन्सेप्ट्स एवं एपलीकेशन संबंधित अलग से विशेष क्लास का आयोजन कराती है, जो न ही सिर्फ रिविजन में मदद करता है, बल्कि पढ़े गए कॉन्सेप्ट्स का एप्लीकेशन पक्ष भी मजबूत करता है। इसका लाभ प्लेसमेंट में साक्षात्कार, यानी कि पर्सनल इंटरव्यू में मिलता है।

छात्रों को इस पर बहुत अधिक ध्यान देना चाहिए।

(3) समर इंटर्नशिप के विषय में भी पर्सनल इंटरव्यू में काफी डिटेल में प्रश्न पूछे जाते हैं, खास तौर पर निम्न बातों का ध्यान रखना आवश्यक होता है—

1. समर इंटर्नशिप का विषय
2. विषय को चुनने का खास कारण और प्रोजेक्ट के अंत में विषय से संबंधित निष्कर्ष के बिंदु, जो अपेक्षित हैं
3. कंपनी एवं इंडस्ट्री के विषय में विस्तृत जानकारी
4. प्रोजेक्ट करने की विधि-मेथोडेलोजी के कॉन्सेप्ट्स
5. प्रोजेक्ट से संबंधित विषयों के कॉन्सेप्ट्स
6. प्रोजेक्ट के समापन पर पाए गए निष्कर्षों से कंपनी को लाभ
7. प्रोजेक्ट से मिली सीख एवं लाभ

इन सभी बिंदुओं पर छात्रों को चाहिए कि पहले से ही उत्तर तैयार कर लें, जिसमें अपने फैकल्टी गाइड का पूरा सहयोग लें। सदैव, मॉक इंटरव्यू के दौरान इन प्रश्नों के उत्तर का अभ्यास करें। दो-तीन पेज का संक्षिप्त नोट बनाकर रख लें, जिससे रिविजन में आसानी हो।

प्लेसमेंट प्रक्रिया की शुरुआत में कई कंपनियाँ एप्टीट्यूड टेस्ट लेती हैं और इस टेस्ट के परिणाम के आधार पर कुल छात्रों के 10-20 प्रतिशत या अधिक छात्रों को अगले राउंड के लिए चुनती हैं। एक बहुत बड़ा प्रतिशत इसी राउंड में घट जाता है। अतः आवश्यक है कि छात्र एप्टीट्यूड टेस्ट में अच्छा करें और इस बाधा को पारकर अगले राउंड जी.डी. एवं पर्सनल इंटरव्यू राउंड में शामिल हों। वैसे एप्टीट्यूड टेस्ट छात्रों के लिए नई चीज नहीं होती है, क्योंकि एम.बी.ए. में नामांकन के समय में भी इनसे संबंधित प्रश्नों की तैयार करनी होती है। इनका विवरण पहले दिया जा चुका है। क्वांटीटेटिव एनालिसिस, रिजनिंग, कॉम्प्रीहेंसन, सिचुएशन एनालिसिस इत्यादि एप्टीट्यूड टेस्ट में शामिल किए जाते हैं। छात्रों के लिए यह आवश्यक है कि वे इनकी अच्छे से प्रैक्टिस करें और इनके टेस्ट पेपर्स हल करें। संस्थान की तरफ से इसके लिए विशेष ट्रेनिंग की क्लास लगाई जाती हैं, जिनका लाभ छात्रों को लेना चाहिए और इससे अलग अपने स्तर पर प्रैक्टिस करें। यह टेस्ट इतना भी कठिन नहीं होता है कि छात्र इनको पास न कर सकें। अकसर यह देखा गया है कि प्रैक्टिस के

अभाव में ही छात्र सफल नहीं हो पाते हैं। अत: प्रैक्टिस एवं इसकी तैयारी ही इस राउंड की सफलता की जड़ में हैं।

(4) करंट अफेयर्स, जिसमें इंडस्ट्री, कंपनी, अर्थव्यवस्था से लेकर देश-विदेश में हो रही हर प्रकार की गतिविधियों या घटनाओं का जिक्र होता है, प्लेसमेंट के पर्सनल इंटरव्यू राउंड का एक महत्त्वपूर्ण पहलू होता है, जिस पर छात्रों को विशेषरूप से ध्यान देना चाहिए। ध्यान रहे कि इन विषयों की तैयारी चंद दिनों में नहीं हो सकती। इसके लिए छात्रों को चाहिए कि वे इन विषयों पर पहले नहीं तो कोर्स ज्वॉइन करने के तुरंत बाद से ही ध्यान देना शुरू कर दें। इसके लिए कुछ बिंदुओं को ध्यान में रखना आवश्यक है।

1. रोजना न्यूजपेपर पढ़ना। एक सामान्य और एक बिजनेस न्यूज पेपर, जो मुख्य सामचार हो, गतिविधियाँ हो रही हों या कुछ नया डेवलपमेंट हुआ हो, उनके विषय में अपनी समझ और राय बढ़ानी चाहिए। लाइब्रेरी व ऑन-लाइन संसाधन इसके लिए सुविधा प्रदान कराते हैं।
2. कुछ प्रमुख वेबसाइट, जहाँ पर ऐसे विषयों का विस्तृत विवरण मिलता हो, उनका नियमपूर्वक अध्ययन करना चाहिए। आजकल कई मोबाइल ऐप्स भी इस तरह की सुविधा देते हैं, जिनका लाभ छात्रों को लेना चाहिए।
3. टी.वी. चैनलों में प्रतिदिन चर्चाएँ होती हैं, जिसमें जो जरूरी चर्चाएँ हों, उन्हें नियमपूर्वक सुनना चाहिए और उन विषयों पर अपनी राय बनानी चाहिए।
4. संस्थान के विभिन्न क्लब करंट अफेयर्स व प्रासंगिक विषयों पर चर्चाएँ आयोजित करते हैं, उनमें बहुत सक्रिय होकर शरीक होना चाहिए। ये क्लब छात्रों द्वारा आयोजित पैनल डिस्कशन का भी आयोजन कराते हैं, जिनमें छात्रों को पूरी तैयारी के साथ सक्रिय रूप में भाग लेना चाहिए।
5. संस्थान द्वारा प्लेसमेंट के समय कंपनी एवं इंडस्ट्री से संबंधित गेस्ट सेशंस कराए जाते हैं, जिनका लाभ भी छात्रों को जरूर लेना चाहिए।

6. छात्रों के लिए यह भी आवश्यक है कि वे अपने स्तर पर स्वयं या ग्रुप में इन विषयों पर चर्चा करें और इनके मुख्य बिंदुओं के नोट्स बनाएँ। इंडस्ट्री एवं कंपनी संबंधी जानकारियों को भी एकत्रित कर ग्रुप में बाँट सकते हैं, जिससे कुछ छात्रों द्वारा बड़ी संख्या में कंपनियों एवं इंडस्ट्री की जानकारी एकत्रित की जा सकती है।

पर्सनल इंटरव्यू की तैयारी के लिए संस्थान के फैकल्टी एवं इंडस्ट्री के विशेषज्ञों द्वारा 'मॉक इंटरव्यू' करवाया जाता है, जिससे छात्रों को अपनी कमियों एवं अच्छाइयों का पता चल सके। छात्रों को चाहिए कि वे इन 'मॉक' सेशंस का भरभूर लाभ उठाएँ। इनकी वीडियो रिकार्डिंग कर बाद में देखें और अपनी खामियों को दूर करें। कम्युनिकेशन शैली से लेकर बॉडी लैंग्वेज तक, सभी को बारीकी से देखें और अपने फैकल्टी एवं अन्य एक्सपर्ट से उनपर राय लेकर सुधार का प्रयास करें। प्लेसमेंट की तैयारी के लिए यह एक महत्त्वपूर्ण पहल है। पर्सनल इंटरव्यू की शैली एवं कला से संबंधित कई वीडियो यू-ट्यूब पर उपलब्ध हैं, उनका भी लाभ छात्रों को उठाना चाहिए। इनके अलावा बिजेनस कम्यूनिकेशन के फैकल्टी भी कई तरह के सुझाव देते हैं और छात्रों के लिए अलग से क्लास का आयोजन करते हैं, जिनका लाभ छात्रों को लेना चाहिए। हॉस्टल में या संस्थान में जब भी मौका लगे, छात्रों को ग्रुप में 'मॉक' इंटरव्यू का अभ्यास करना चाहिए।

ग्रुप डिस्कशन भी प्लेसमेंट प्रक्रिया का एक महत्त्वपूर्ण राउंड है, जो पर्सनल इंटरव्यू राउंड से पहले होता है। छात्रों का इस राउंड में सफल होना आवश्यक होता है, तभी वे अगले राउंड में जा सकते हैं। ग्रुप डिस्कशन से संबंधित तैयारी की पूरी जानकारी विस्तार से पहले नामांकनवाले चैप्टर में दी जा चुकी है। अत: उनको यहाँ दोहराने का औचित्य नहीं है। छात्रों को चाहिए कि वे सुझाए गए तरीकों से ग्रुप डिस्कशन के विषयों की तैयारी करें और ग्रुप डिस्कशन में भाग लें।

पर्सनल इंटरव्यू के दौरान छात्रों से कई ऐसे प्रश्न पूछे जाते हैं, जिनका उत्तर छात्रों को सकारात्मक देना चाहिए और ईमानदारीपूर्वक देना चाहिए। उदाहरण के लिए वे अमुक कंपनी को ही क्यों ज्वॉइन करना चाहते हैं या अमुक तरह के जॉब ही क्यों करना चाहते हैं। कंपनी अकसर छात्रों से जॉब

लोकेशन से संबंधित प्रश्न पूछती है। आज के युग में जब छोटे-बड़े शहर में हर तरह की सुविधाएँ उपलब्ध हैं, आने-जाने की सुविधा उपलब्ध है और कंपनी का भी काम फोकस छोटे-बड़े शहरों, नजदीक या दूर-दराज के शहरों में समान रूप से है तो छात्रों को कहीं भी सेवा करने से परहेज नहीं रखना चाहिए। इस तरह की कई छोटी-छोटी खास बातें होती हैं, जिनका खयाल छात्रों को रखना चाहिए। संस्थान भी ट्रेनिंग के दौरान इन बातों के संदर्भ में टिप्स देते हैं।

सारांश यह कि दो वर्षों की कड़ी मेहनत और ऊपर बताई गई बातों का ध्यान रखकर और उनपर अमल करके छात्र अच्छे प्लेसमेंट के साथ सफल हो सकते हैं। छात्रों को इनका ध्यान जरूर रखना चाहिए, जिससे उनका भविष्य और कॅरियर दोनों ही अच्छे बनें।

□

10

विशेषज्ञों की राय

पिछले शुरुआती पन्नों में मेरा प्रयास रहा है कि मैं अपने अनुभवों का निचोड़ विभिन्न पहलुओं पर शेयर करूँ, जिसमें सभी मुख्य बातें, जो एक छात्र के लिए अपनी एम.बी.ए. की मंजिल तय करने में आवश्यक हैं, उनका जिक्र किया जाए। इससे आगे, इस पुस्तक के इस खंड में मेरा प्रयास रहा है कि देश के कुछ खास, अनुभवी, जाने-माने विशेषज्ञों की राय आपसे शेयर करूँ। अर्थव्यवस्था कैसी है और आगे कैसी होने की उम्मीद है और उसके अंतर्गत एक एम.बी.ए. के लिए क्या संभावनाएँ हैं, इसकी चर्चा सभी विशेषज्ञों ने की है। आज की इंडस्ट्री में किन क्षेत्रों में कैसी संभावनाएँ हैं एवं उन्हें किस प्रकार का एम.बी.ए. चाहिए, इसकी भी चर्चा हुई है। एम.बी.ए. के दौरान एवं प्लेसमेंट के लिए किस प्रकार तैयारी करनी है एवं किन-किन बातों का ध्यान रखना है, इन बातों पर सभी विशेषज्ञों ने अपना अनुभव विभिन्न सेक्टर के लिए शेयर किया है। कोई आश्चर्य नहीं कि सभी के सुझाव में सामंजस्य देखा जा सकता है और प्रयास एवं तैयारी की दिशा समान देखी जा सकती है। इसके अंतर्गत एक बी-स्कूल के सही चुनाव एवं नामांकन की तैयारी संबंधित बातों का भी उल्लेख है। सभी विशेषज्ञों ने एक एम.बी.ए. को अपना कार्य करते हुए; किस प्रकार समाज एवं राष्ट्र निर्माण में सहयोग देना चाहिए, उस पर भी काफी बल दिया है।

आप पाठकों से अनुरोध है कि प्रत्येक साक्षात्कार को बारीकी से पढ़ें एवं उनमें बताई गई बातों को समझें एवं सुझावों का अनुसरण करें।

''ईमानदारी, पैशन, इंटीग्रटी, इनिशिएटिव जैसे मूल्यों की बहुत माँग है''

डॉ. हरिवंश चुतर्वेदी
डायरेक्टर, BIMTECH ग्रेटर नोएडा
साक्षात्कारकर्ता प्रो. चंचल कुशवाहा, BIMTECH ग्रेटर नोएडा

प्र. 1 वर्तमान परिप्रेक्ष्य में MBA की उपयोगिता पर कृपया प्रकाश डालें?

उ. मैनेजमेंट शिक्षा के दो प्रमुख उद्देश्य हैं। पहला तो यह है कि MBA में कंपनी को प्रभावित करनेवाली बातों को समझने का कौशल परिपक्व हो और दूसरा MBA को सभी टूल्स एवं टेकनीक्स की जानकारी हो, जिनसे वे कंपनी को प्रभावित कर सकें। यहाँ छात्रों को यह भी समझना चाहिए कि वे कौन-कौन से लाभ हैं, जिनके लिए MBA किया जाना चाहिए। कुछ निम्न बिंदु ध्यान देने योग्य हैं—

1. एक प्रोग्रेसिव कॅरियर की शुरुआत के लिए।
2. कॅरियर में बदलाव के लिए, अगर पहले से ही जॉब में हो।
3. एक इनोवेटिव दृष्टिकोण के विकास के लिए।
4. मार्केट में कुछ चुनिंदा प्रोफेशनल के साथ नेटवर्क के लिए।
5. स्वयं के लिए एक ब्रांड बनाने हेतु।
6. स्वयं के विकास हेतु।
7. एक बिजनेस/स्टार्टअप की शुरुआत के लिए।

प्र. 2 MBA नामांकन की परीक्षाओं के लिए छात्र कैसे तैयारी करें?

उ. नामांकन के लिए सभी मुख्य परीक्षाएँ जैसे, CAT, XAT, MAT, CMAT इत्यादि का सिलेबस मूलत:—Quantitative Aptitude, Reasoning, Intelligence, Comprehension, Case, Analysis, Relationships, Word Power, Synonyms, antonyms, General awareness को शामिल करता है। इनकी तैयारी के लिए छात्रों को लगातार मॉक टेस्ट का सुझाव देता हूँ। हर टेस्ट के बाद उसका विश्लेषण कर अपनी कमियों को समझना चाहिए और उन पर मेहनत करनी चाहिए।

प्र. 3 छात्र प्रवेश के लिए किस प्रकार अपने लिए बी-स्कूल का चयन करें।

उ. कुछ निम्नांकित बिंदुओं पर संस्थाओं को मापकर अपने लिए स्वयं के पसंद एवं कंपीटेंस के आधार पर एक बी-स्कूल का चयन करें—

प्राथमिक बिंदु

1. इंडस्ट्री इंटरफेस
2. करिकुलम एवं पेडागॉजी
3. फैकल्टी
4. प्लेसमेंट
5. इंफ्रास्ट्रक्चर
6. रिसर्च

कुछ अन्य बिंदु

1. डिग्री बनाम डिप्लोमा
2. बोर्डिंग बनाम डे स्कूल प्रोग्राम
3. ग्लोबल कनेक्ट
4. फीस
5. लोकेशन

प्र. 4 MBA पूरा करने के बाद एक छात्र के लिए जॉब की कैसी संभावनाएँ हैं?

उ. हर छात्र MBA के बाद निवेश की अपेक्षा रिटर्न को देखता है, मेरी समझ में निम्न पाँच जॉब हैं, जहाँ MBA इंडस्ट्री के लिए उपयोगी सिद्ध हो सकते हैं।

(क) **आई.टी.मैनेजर**—कंपनी को आई.टी. कौशल के साथ MBA की जरूरत होती है और कुछ निचले स्तर पर भी उनका चयन होता है।

(ख) **फाइनेंशियल मैनेजर**—इनमें Analytics Abilities की ज्यादा जरूरत होती है।

(ग) **फाइनेंशियल एडवाइजर**—ये निवेश, रिटायरमेंट, टैक्स, इंश्योरेंस, इनवेस्टमेंट, स्ट्रेटेजी इत्यादि के क्षेत्रों में कंपनी को लाभ पहुँचाते हैं।

(घ) **एच.आर. मैनेजर**—आज के मानव संसाधन की बढ़ती माँग को देखते हुए एच.आर. मैनेजर की काफी आवश्यकता है।

(ड) **मैनेजमेंट एनालिस्ट**—कंपनी के फोर-कास्ट, पर्सनल फाइनेंस, समस्याओं के समाधान हेतु एनालिस्ट की जरूरत होती है।

प्र. 5 स्किल एवं नॉलेज के अलावा छात्रों में कैसे मूल्य होने चाहिए?

उ. ईमानदारी, पैशन, इंटीग्रीटी, इनिशिएटिव जैसे मूल्यों की पूछ कंपनी एवं इंडस्ट्री में बहुत अधिक होती है।

प्र. 6 छोटे शहरों एवं हिंदी माध्यम से पढ़े हुए छात्रों को आपका क्या सुझाव होगा, जिससे कि कॅरियर में पिछड़ न जाएँ?

उ. अंग्रेजी उतनी कठिन नहीं है, जितनी लोगों द्वारा समझी जाती है। मेरी राय होगी कि छात्र नए शब्दों को न रटें। पहले ग्रामर पर ध्यान दें और उसे मजबूत करें, फिर सिलसिलेवार ढंग से अपनी वोकेबुलरी को दुरुस्त करें। एक नोट बुक रखें और जब भी कोई नया शब्द आए, उसे लिख लें और उसके उपयोग से सरल वाक्य बनाएँ। उसके Synonym और Antonym से भी परिचित हों।

जहाँ तक उच्चारण का प्रश्न है, उसे बोलकर ही सीखा जा सकता है। छात्र भय छोड़कर लोगों से बात करना शुरू करें। शीशे के सामने जोर से बोलकर अभ्यास करें। अगर कोई उपहास भी करे तो उसे अपने लिए बेहतर बनने की प्रेरणा समझें। इन सब पर अमल कर, एक छात्र अपनी कमियों को दूर कर सकता है।

□

"E Commerce, Banking, Financial Sector, Real Estate, IT Infrastructure में MBA के लिए बड़ी संभावनाएँ हैं।"

डॉ. डी.पी. गोयल

डीन, MDI, गुड़गाँव

प्र. 1 वर्तमान परिप्रेक्ष्य में एम.बी.ए. करनेवालों के लिए कौन-कौन से अवसर हैं?

उ. एक एम.बी.ए. प्रोग्राम का मुख्य उद्देश्य छात्रों को वर्तमान में देश एवं विश्व के सामाजिक, आर्थिक, पर्यावरण संबंधित वातावरण से अवगत कराना एवं उनका विश्लेषण कर पाना होता है, जिससे वे एक कुशल लीडर बन पाएँ और अपेक्षा से भी अधिक रिजल्ट दे पाएँ, साथ ही कंपनी को वैश्विक प्रतिस्पर्द्धा एवं चुनौतियों के सामने बेहतर कर पाएँ, ट्रांसफॉर्म कर पाएँ। आज के सूचना एवं ग्लोबल कंपीटिटिव युग में एक एम.बी.ए. को अपनी क्षमता एवं कौशल के उपयोग को सिद्ध करने का बड़ा मौका है और संभावनाएँ भी हैं। इनको अपने लिए सार्थक करने हेतु छात्रों को चाहिए कि समय से कुछ अनूठे अंदाज में वे कामयाबी हासिल करें।

प्र. 2 एम.बी.ए. के लिए उद्योग जगत् में क्या-क्या अवसर व संभावनाएँ हैं?

उ. एक पास-आउट एम.बी.ए. के लिए E-Commerce, Manufacturing, Banking & Financial Sector, Real Estate, E-Governance, Software Services, IT Infrastructure जैसे सेक्टर में बहुत बड़ी संभावनाएँ हैं, जिनका लाभ उन्हें लेना चाहिए।

प्र. 3 रिक्रूटमेंट के समय एम.बी.ए. में कंपनियाँ कौन से गुण ढूंढ़ती हैं?

उ. एक एम.बी.ए. छात्र को मैनेजमेंट का मूलभूत ज्ञान, विश्व के बिजनेस एनवायरमेंट का ज्ञान, मैनेजमेंट के फंक्शनल क्षेत्रों का ज्ञान होना आवश्यक है, साथ ही एक सकारात्मक सोच, अच्छा कम्यूनिकेशन होना चाहिए।

प्र. 4 अपने भविष्य को सुदृढ बनाने के लिए एम.बी.ए. अभ्यर्थी को क्या करना चाहिए?

उ. आज का समाज एक बिजनेस कंपनी से Ethics और Sustainable Practices की अपेक्षा करता है। समाज की इन अपेक्षाओं को पूरा करने में एम.बी.ए. मदद कर सकता है। एक एम.बी.ए. का व्यक्तित्व और मजबूत कैरेक्टर एक मजबूत राष्ट्र के निर्माण में सहयोग दे सकता है।

प्र. 5 नॉलेज और स्किल के अलावा आप एम.बी.ए. में किन मूल्यों को देखना चाहेंगे?

उ. कंपनी, एक एम.बी.ए में उनके नॉलेज के अलावा सकारात्मक सोच, इनोवेटिव एबीलिटी, कम्यूनिकेशन एवं नैतिक मूल्यों पर विशेष ध्यान देती है। अतः छात्रों को इन पहलू पर विशेष ध्यान देना चाहिए।

प्र. 6 छोटे कस्बों से आनेवाले अभ्यार्थिओं, जिनकी शिक्षा का माध्यम हिंदी रहा हो, के लिए क्या सुझाव देना चाहेंगे?

उ. छोटे शहर से आनेवाले छात्रों को, खास करके हिंदी माध्यम से पढ़े छात्रों को, एम.बी.ए. प्रोग्राम में नामांकन से संबंधित आवश्यकताओं के प्रति अपने को जागरूक रखना होगा और उन पर कड़ी मेहनत करनी होगी। उनमें एक मजबूत इच्छाशक्ति एवं उत्सुकता होनी चाहिए, जिससे वे अपनी कमियों को दूर कर सकें, जिससे वे कॉन्फीडेंट बन सकें। अगर उनका कंटेंट अच्छा हो और अपनी बातों को अच्छी तरह कह सकें तो भाषा उतनी बड़ी सीमा नहीं रह जाती। कम्यूनिकेशन एवं कॉन्फीडेंस लगातार प्रयास से सुधारा जा सकता है।

प्र. 7 एम.बी.ए. नामांकन परीक्षा की तैयारी कैसे करें?

उ. एक छात्र, जो एम.बीए. में नामांकन के लिए तैयारी कर रहा हो, उसे Verbal, Reasoning, Quantitative एवं Data Interpretation की तैयारी विशेष रूप से करनी चाहिए। मॉक-टेस्ट एवं इंटरव्यू का लगातार प्रयास करना चाहिए। प्रश्नों को हल करने की स्पीड पर ध्यान देकर प्रतिस्पर्द्धा में आगे बढ़ा जा सकता है।

प्र. 8 छात्र प्रवेश के लिए बी-स्कूल का चयन किस प्रकार करें?

उ. एक छात्र को किसी भी बी-स्कूल के चुनाव में उसके गवर्नेंस की

गुणवत्ता, फैकल्टी की गुणवत्ता, एलुमुनाई, लाइब्रेरी व डाटाबेस, कंप्यूटर सॉफ्टवेयर, विदेशों में एक्सपोजर एवं लाइव प्रोजेक्ट्स, गेस्ट लेक्चर के लिए आमंत्रित कंपनियाँ और प्लेसमेंट्स, सैलेरी आदि इन बातों का ध्यान रखना चाहिए।

□

"तकनीकी विकास के साथ नए क्षेत्रों में नई संभावनाएँ"

डॉ. कामना मलिक

डायरेक्टर, KLM Associates
नई दिल्ली
एडजंक्ट प्रोफेसर, Globalnxt Univ,
मलेशिया
एडवाइजर, Nasscom, नई दिल्ली

प्र. 1 वर्तमान परिपेक्ष में एम.बी.ए. करनेवालों के लिए कौन-कौन से अवसर हैं?

उ. एक जनरल मैनेजर एवं प्रशासक की आवश्यकता सर्वदा मौजूद रहती है और प्रत्येक इंडस्ट्री में होती है। आगे भी जो लोग खासकर MBA, नई टैक्नोलॉजी को अपना लेते हैं, अपारंपरिक बिजनेस को सोच एवं समझ सकते हैं, बिजनेस मॉडल्स को बेहतर अपना लेते हैं एवं डाटा के पैटर्न्स का विश्लेषण कर पाते हैं, उनके लिए और भी बड़ी संभावनाएँ खुली हुई हैं, जहाँ एक ओर आई.टी. के व्यवसायीकरण के फलस्वरूप **Google** और **Paytm** कंपनियाँ आगे बढ़ रही हैं, वही दूसरी ओर ब्रिक एवं मोरटार कंपनियाँ, ऑटोमेटिक बैंकिंग, इंश्योरेंस एवं रीयल एस्टेट भी वेब मॉडल के जरिये नई ऊँचाइयों को छू रही हैं एवं नई संभावनाओं को जन्म दे रही हैं। यह इंडस्ट्री के बीच कनवर्जेंस का युग है। अतः एक **MBA** की प्रासंगिकता, एक इंडस्ट्री तक सीमित न होकर कई इंडस्ट्री के बीच हो जाती है और उनकी उपयोगिता एवं संभावनाएँ एक खास इंडस्ट्री तक सीमित नहीं रहती हैं।

प्र. 2 एक MBA पास आउट के लिए IT, शिक्षा एवं अन्य क्षेत्रों में क्या संभावनाएँ हैं?

उ. विभिन्न कार्यक्षेत्रों में साधारण रूप से मिलनेवाली जॉब के अलावा नए **MBA** के लिए सोशल मार्केटिंग, क्लाउड एवं **Big Data Analytics** में नई संभावनाएँ खुली हैं। इस प्रकार की जॉब हर प्रकार की इंडस्ट्री, आउटसोर्सिंग इंडस्ट्री में उपलब्ध हैं। कंटेंट क्रियेशन, स्किल ट्रेनिंग, Education Management, Skill, Assessment आदि नई बिजनेस

लाइन के रूप में उभर रहे हैं। नए एवं परिपक्व **MBA, Student Mobilization Institutional Linkages, Talent Management, Project/Programme** मैनेजमेंट आदि में काफी अहम भूमिका निभा सकते हैं। इससे अधिक अब समय आ गया है कि जब युवा **MBA** इंटरप्रेन्योर्स बनें।

प्र. 3 रिक्रूटमेंट के समय एम.बी.ए. में कंपनी कौन से गुण ढूँढ़ती हैं?

उ. मैं **MBA** के सेलेक्शन में ऐसे छात्रों को देखती हूँ, जो धरातल से जुड़े होते हैं, हालाँकि उनके सपने बड़े होते हैं। ऐसे छात्र, जिनका मैनेजमेंट विषय का ज्ञान अच्छा हो और साथ में व्यावहारिक भी हो। कुछ मुख्य स्किल, जो छात्रों में होनी चाहिए—**Reading, writing, Presentation skills, critical and logically thinking , customer centricity problem sorting, team work, attention to detail and ability to plan, organize and decide.** अन्य बातें सिखाई जा सकती हैं, लेकिन ये स्किल व्यक्ति के मूल में होती हैं या होनी चाहिए। सर्वप्रथम छात्रों को एक प्रभावशाली मैनेजर की तरह सोचना और उसी की तरह व्यवहार करना चाहिए। वहीं काम करें, जो आपको आंनद देता हो और जो करें, उसी में आनंद भी लें।

प्र. 4 अपने भविष्य को सुदृढ बनाने के लिए एम.बी.ए. अभ्यर्थी को क्या करना चाहिए?

उ. अगर आप क्लास बंक करना चाहते हैं, अपने सहपाठियों की जिज्ञासा पर हँसते हैं, क्लास के दौरान फेसबुक/वाट्सएप पर लगे रहते हैं, तो बहुत संभावना है कि आप भावी मैनेजर के भावी लक्ष्य से काफी दूर हैं। बनिस्पत इनके, आप आगे आएँ, जिम्मेदारी लें, जिज्ञासा करें, विवेचना करें, शेयर करें एवं कोलेबोरेट करें, जो आपको भविष्य में लाभ देगा। एक ऐसी स्थिति, जिसकी आपकी सोच सकारात्मक होगी एवं आपके प्रयास और एक्शन फलेंगे-फूलेंगे।

प्र. 5 उद्योग में प्रवेश करने के बाद एम.बी.ए. स्नातक को बेहतर कॅरियर बनाने के लिए स्वयं को कैसे तैयार करना चाहिए?

उ. मेरी राय में कोई भी **MBA** किसी कंपनी को सिर्फ उसके ब्रांड के लिए न ज्वाइन करे, बल्कि वह कंपनी में क्या योगदान कर सकता है, उसमें

कितना सहभागी हो सकता है, यह सोचे। जॉब बदलने की प्रक्रिया थोड़ी-बहुत सैलेरी में अंतर के कारण नहीं होनी चाहिए, अगर हो भी तो वह बेहतर एवं ज्यादा चैलेंजिग रोल के लिए हो। आप जैसे-जैसे कॅरियर में ऊँचाइयों पर जाएँ, आवश्यकता होगी कि आप अपनी स्किल को व्यापक बनाएँ और इसके लिए पढ़ने की रुचि को बढ़ाएँ। लिंकडइन जैसी प्रोफशनल साइट्स से जुड़ें। एक मार्केटिंग प्रोफेशनल को मार्केटिंग के साथ-साथ फाइनेंस, सप्लाई-चेन, पीपल मैनेजमेंट जैसे क्षेत्रों का भी ज्ञान एवं स्किल अर्जित करनी चाहिए। अपने लिए और ऊँचे मानक स्थापित करने चाहिए तथा स्वयं से स्पर्द्धा करनी चाहिए। इंडस्ट्री में मौजूद प्रोफेशनल ट्रेंड्स से भी वाकिफ होना चाहिए। कई कंपनियाँ कॅरियर एवं टेलेंट की माँग पर पैंटर्न्स प्रकाशित करती हैं। अब भारत में भी वर्कफोर्स इनफॉरमेशन सिस्टम डेवलप किया जा रहा है। विभिन्न इंडस्ट्री, संस्थाओं एवं स्किलिंग इकोसिस्टम को जोड़ती हैं। देश की स्किल निर्माण इनिश्येटिव भी ऑन जॉब ट्रेनिंग, अप-स्किलिंग और कॅरियर पथ के ऊपर एवं आजू-बाजू के मूवमेंट पर ध्यान देगी। इन सभी का लाभ युवा एम.बी.ए. को मिलेगा।

प्र. 6 अगले पाँच वर्षों में उद्योगों में एम.बी.ए. की क्या भूमिका होगी ?

उ. हालाँकि इंडस्ट्री के ट्रेंड पॉजीटिव हैं, सामाजिक, प्राकृतिक एवं तकनीक में लगातार हो रहे परिवर्तन की वजह से अप-डाऊन की स्थिति बनी रहती है। फिर भी ग्लोबलाईजेशन, मेकेनाइजेशन, डिजिटाइजेशन एवं सर्विस ओरिएंटेशन लगातार बढ़ते रहेंगे। परिणामस्वरूप एक व्यक्ति पर खासा दबाव होगा और कंपनियों पर भी मोबिलीटी एवं इंटरनेट का प्रभाव बढ़ेगा। एक ओर जहाँ टेक्नोलॉजी रूटीन जॉब के लिए खतरे की घंटी साबित होगी, वहीं दूसरी ओर क्वालिटी वर्कफोर्स, लरनर्स एवं विशेषज्ञों की माँग बढ़ेगी।

प्र. 7 नॉलेज और स्किल के अलावा आप एम.बी.ए. में किन मूल्यों को देखना चाहेंगे ?

उ. आज हम मुख्य रूप से ज्ञान एवं कौशल को जॉब से जोड़कर देखते हैं, जबकि मानव मूल्य भी इन्हीं से निर्मित होते हैं। वस्तुतः ये भी ज्ञान एवं कौशल से जनित होते हैं और बिजनेस मूल्य भी इनसे अलग नहीं हैं।

आजकल कंपनियाँ ईमानदारी एवं वफादारी को पुरस्कृत करती हैं और बेईमानी दंडित होती है। ये इन मूल्यों की आवश्यकता की ओर इशारा करती हैं, जिनको हमें पुनः व्यवहार में लाना है अगर ईमानदारी, वफादारी और सर्विस उत्कृष्टता सौ फीसदी न हो तो उसके क्या मायने? उन्हें सर्वप्रथम सर्वांगीण गुणोंवाला एक मनुष्य होना चाहिए। शांति, ईमानदारी, भरोसा, प्यार एवं मोहब्बत, दूसरों के प्रति सहानुभूति, प्रकृति एवं जीवों के प्रति आदर भाव, ये गुण एक MBA में होने चाहिए।

प्र. 8 राष्ट्र निर्माण और समाज के प्रति एम.बी.ए. किस प्रकार सहयोग दे सकते हैं?

उ. सर्वप्रथम योगदान, एक व्यक्ति अपनी सोच एवं एक्शन के द्वारा सकारात्मक होकर दे सकता है। दु:ख की बात है कि सामाजिक असमानता, प्रदूषण, स्ट्रेस, समय की कमी, जैसी कुछ खामियाँ आज के विकास के साथ-साथ आती हैं। एक MBA को इनके निदान को देखना चाहिए एवं एक सर्वांगीण सामाजिक-आर्थिक विकास सुनिश्चित करना चाहिए।

प्र. 9 छोटे कस्बों से आनेवाले अभ्यर्थियों, जिनकी शिक्षा का माध्यम हिंदी रहा हो, के लिए क्या सुझाव देना चाहेंगे?

उ. मेरी राय में न तो छोटे शहर का परिवेश, न ही हिंदी एक भाषा, किसी भी व्यक्ति के विकास में बाधक हो सकती है। आपको और हमें इस तथ्य को समझने के लिए मोदीजी या Google के चीफ पिचाई का उदाहरण सामने रखना होगा। यह जीवन एक लगातार सीखने की यात्रा है, जिसमें पुरानी चीजों को त्यागना भी आना चाहिए। एक कदम आगे बढ़कर कुछ शॉर्ट टर्म कोर्स या फ्री ऑन लाइन कोर्स करने की सोचे। अगर आप आगे कदम बढ़ाने की सोचे और स्वयं अपनी मंजिल के लिए कमर कस लें, तो कुछ भी ऐसा नहीं, जो पाया नहीं जा सकता।

□

''एक मैनेजर में कई प्रकार की योग्यता एवं कौशल की माँग इंडस्ट्री में अधिक है।''

श्रीमती ऋचा धर
कंसलटेंट ट्रेनिंग एवं प्लेसमेंट

प्र. 1 नियुक्ति के समय आप एम.बी.ए. में कौन-कौन से गुणों को ढूँढ़ते हैं ?

उ. पिछले कुछ सालों से उद्योगों में एम.बी.ए. से की जानेवाली उम्मीदें बदल गई हैं। पहले के समय में सिर्फ एम.बी.ए. की डिग्री होनी ही एक अच्छी नौकरी की गारंटी होती थी, लेकिन आज बढ़ती हुई एम.बी.ए. की संख्या और जगह-जगह मैनेजमेंट कॉलेज खुलने के साथ-साथ कमजोर होती अर्थव्यवस्था के दौर में कंपनियाँ एम.बी.ए. की नियुक्ति करते हुए विशेष ध्यान देती हैं।

कंपनियाँ गलत नियुक्ति की कीमत को समझ चुकी हैं। एक कम योग्यतावाले या किसी अन्य योग्यतावाले व्यक्ति की नियुक्ति से न केवल प्रशिक्षण पर अधिक खर्च होता है, बल्कि कर्मचारी का योगदान भी कम रहता है।

इसके अलावा बदलते व्यापार परिदृश्य में मैनेजरों से अपेक्षा काफी बदल गई है। पिछले कुछ सालों में कंपनी को विशेष कौशलवाला, कंपनी की कल्चर को समझनेवाला, लीडरशीप और स्ट्रेटेजीवाला, ऐसा मैनेजर चाहिए, जो इंटर डिपार्टमेंट टीम के रूप में काम करे।

पिछले 8 सालों से प्लेसमेंट ट्रेनर रहते हुए मैंने यह देखा है कि अधिकतर कंपनियाँ मैनेजरों में न सिर्फ तकनीकी ज्ञान, बल्कि उनके व्यक्तित्व, एटीट्यूड और क्षमता स्तर को भी ध्यान में रखते हुए नियुक्ति करती हैं। मेरे अनुभव के अनुसार कंपनियाँ एक एम.बी.ए. की नियुक्ति करते समय निम्न बातों पर ध्यान देती हैं।

एटीट्यूड और उम्मीदें—

1. मैं जितने रिक्रूटर से मिली हूँ, वे ऐसा मानते हैं कि हर एम.बी.ए. का

एक विशेष निश्चित रोल और सेलरी एक्सपेक्टेशन होता है। बहुत से एम.बी.ए. योग्यता से ज्यादा उम्मीद रखते हैं। कंपनी के पैकेज भी मैच नहीं करते।

2. टेक्निकल नॉलेज या तकनीकी कौशल
3. लीडरशिप क्वालिटी
4. टीम में काम करने की क्षमता
5. समस्याओं का रचनात्मक समाधान करनेवाला
6. निर्णय लेने की क्षमता
7. कम्युनिकेशन की कुशलता
8. विश्लेषणात्मक सोच
9. निश्चित लक्ष्य
10. पिछला अनुभव

प्र. 2 इंडस्ट्री/उद्योगों में अपने भविष्य को सुदृढ बनाने के लिए एम.बी.ए. को कौन से विशेष कार्य करने चाहिए ?

उ. कंपनियाँ सिर्फ थियोरिटिकल नॉलेज रखनेवालों की अपेक्षा प्रेक्टिकल एप्रोच रखनेवालों को महत्त्व देती हैं। विदेशों में कई कॉलेजों ने तो एम.बी.ए. में प्रवेश के लिए दो साल के अनुभव की प्री रिक्विजिट कंडीशन रखी हुई है। इससे यह तो निश्चित है कि छात्र वास्तविक व्यापार समस्याओं को समझ पाएँगे।

पर भारत में आज भी एम.बी.ए. ज्यादातर फ्रेशर ही होते हैं। इसीलिए ये दो साल एम.बी.ए. के छात्र के लिए अधिक महत्त्वपूर्ण होते हैं। यही समय है, जब वे तकनीकी शिक्षा के साथ-साथ स्किल पर भी ध्यान दें और खुद को इंडस्ट्री के लिए तैयार करें। इन दो वर्षों का इस्तेमाल छात्र अपने व्यक्तिगत विकास, कम्यूनिकेशन स्किल, प्रेजेंटेशन स्किल और बिजनेस की बारीकियों को समझने में करें।

एक और बात, जिस पर कंपनी ध्यान देती है, वह है आपके सी.वी. में आपका साफ लक्ष्य और उससे संबंधित कार्यों का ब्योरा।

दरअसल एम.बी.ए. में प्रवेश से पहले ही छात्र को स्पष्ट होना चाहिए कि वह किस बिजनेस लाइन में जाना चाहता है और उसी के मुताबिक उसे कॉलेज का चयन करना चाहिए।

दुर्भाग्यवश अधिकतर छात्रों को यह पता नहीं होता कि उन्हें किस प्रबंधन के किस क्षेत्र में जाना है। शुरू के कुछ महीनों में छात्रों को अपनी बिजनेस लाइन के चयन पर ध्यान देना चाहिए और बाकी का समय उन्हें लाइव प्रोजेक्ट, रिसर्च, क्वालिटी समर इंटरर्नशिप, नेटवर्किंग, बिजनेस मॉडल, चुनौतियाँ को समझने पर कार्य करना चाहिए।

नीचे ऐसे विशेष कार्य लिखे हैं, जो छात्रों को दो साल के एम.बी.ए. के दौरान करने चाहिए—

1. **कम्युनिकेशन स्किल बढ़ाएँ**—वास्तव में कम्युनिकेशन ही सफलता की कुंजी है। भले ही आप के पास सारा तकनीकी ज्ञान और तरीके हों, लेकिन उन्हें प्रस्तुत करने के लिए अगर कम्युनिकेशन स्किल न हो तो सभी व्यर्थ है।

   कंपनियाँ ऐसे मैनेजर चाहती हैं जो बोलने, लिखने और सुनने में कुशल हों। छात्रों को कम्युनिकेशन कोर्स, प्रेजेंटेशन, डिबेट या अन्य गतिविधियों में हिस्सा लेना चाहिए। अगर जरूरत हो तो स्पोकन इंगलिश की क्लासेस भी लेनी चाहिए।

2. **औद्योगिक जानकारी बढ़ाएँ**—एम्पलायर्स ऐसे लोगों को ढूँढ़ते हैं जो उनके कार्य के क्षेत्र में वास्तविक रुचि रखते हों और व्यापार जगत् की घटनाओं से परिचित हों।

   औद्योगिक जानकारी छात्रों को व्यापार जगत् के लिए तैयार करने में सहायक होती है। इससे यह भी पता चलता है कि अर्थव्यवस्था कैसे चलती है और बिजनेस पर सामाजिक राजनीति और कानूनी बदलाव के क्या प्रभाव होते हैं। इससे इंडस्ट्री के लिए रेवन्यू मॉडल, चुनौतियों और सुअवसर के साथ-साथ भावी मैनेजरों में निर्णय लेने की क्षमता का भी विकास होता है।

3. **टीम स्किल बढ़ाएँ**—टीम में काम करना, चाहे वह अलग-अलग समय अंतराल में हो, इंडस्ट्री की एक कार्यशैली बन गई है। बढ़ती प्रतिस्पर्धा और व्यापार, वैश्वीकरण के चलते कंपनी कोलेबोरेशन की शक्ति को समझ चुकी है। वैसे भी टीम में काम करना, अच्छे लीडर की निशानी है। यह उन आधारभूत विशेषताओं में से है, जो एक

कंपनी अपने एंपलाई में देखना चाहती है। इसलिए एम.बी.ए. ग्रेजुएट के लिए टीम में काम करने का अनुभव बहुत जरूरी है। इसके लिए तरह-तरह की को-करिकुलर एक्टिविटी, टीम प्रोजेक्ट पर काम और लीडरशिपवाली भूमिका निभाने की जरूरत हैं, इसे अपने सी.वी. में लिखना न भूलें।

4. **तकनीकी कुशलता बढ़ाएँ**—मैनेजमेंट सिद्धांतों और तरीकों का ज्ञान रिक्रूटर अपने एंप्लाई में चाहते तो हैं, लेकिन प्रेक्टिकल नॉलेज और अनुभव को विशेष महत्त्व देते हैं।
5. **व्यक्तित्व निर्माण और विकास करें**—इनसान के व्यक्तित्व में बहुत सारे गुण स्तर होते हैं, जिनमें उसकी समझ, शारीरिक क्षमता से शिक्षा स्तर, आदतें, विभिन्न कलाएँ, आंतरिक विशेषताएँ शामिल हैं। इन्हें पहचानें और अपनी ताकत बनाएँ। जीवन में व्यावहारिक कुशलता लाएँ। औपचारिक वेशभूषा/Formal Dresses कब और कहाँ पहननी हैं, एटीकेट्स अपनाएँ, इंटरव्यू के लिए खुद को तैयार करें।
6. **एम.एस. एकसेल, पावर प्वॉइंट सीखें**—ये दोनों ही टूल्स बहुत महत्त्वपूर्ण हैं। कई कंपनियों ने अपने सलेक्शन प्रोसेस में Excel Test और प्रेजेंटेशन लेना शुरू कर दिया है। इसलिए मैनेजमेंट छात्रों को इनमें महारथ हासिल करना जरूरी हो गया है।
7. **सामरिक अनुभव प्राप्त करें**—अभ्यार्थी को लाइव प्रोजेक्ट और इंटर्नशिप से अनुभव प्राप्त करना चाहिए।
8. **नेटवर्किंग बढ़ाएँ**—अभ्यर्थी लिंक्ड-इन या अन्य स्रोतों के जरिये अपना प्रोफाइल बनाकर लोगों से संपर्क बनाए। अपने प्रोजेक्ट और इंटर्नशिप से लोगों के रिकमेंडेशन ले। सेमिनार, वेबीनार या कोई भी अन्य बिजनेस कॉन्फ्रेंस, जो आपको विकसित करती हो, में हिस्सा लें। अपने अलुमुनाई ग्रुप से मिलें, उनका अनुभव सुनें और अपने शक को दूर करें।
9. **एक सशक्त सी.वी. तैयार करें**—एक प्रभावशाली सी.वी. बनाना भी मुश्किल होता है। इसे प्रभावशाली बनाने के लिए इसमें अपने प्रोजेक्ट की करिकूलर एक्टिविटी और अनुभव के बारे में लिखें तथा

कुछ लीडरशीप वाले तथ्य जोड़ें।

10. इंटर्नशिप और एम.बी.ए. प्रोग्राम का सबसे खास पहलू है। आपका प्रोजेक्ट, काम की क्वालिटी और इंडस्ट्री के चयन पर रेक्रूटर आपकी क्षमता और कौशल के बारे में अपना विचार बनाते हैं। आपके लिए इंडस्ट्री का एक्सपोजर सर्वाधिक महत्त्वपूर्ण है।

प्र. 3 एक एम.बी.ए. ग्रेजुएट के लिए क्या-क्या अवसर या संभावनाएँ हैं?

उ. औद्योगिक जगत् में एम.बी.ए. योग्यता को विशेष स्थान प्राप्त है। आज के अत्यधिक गतिशील व्यापारिक माहौल में, बाकी सभी से अलग ये वे प्रोफशनल हैं, जिनमें व्यापारिक कार्यों को करने व समझने की विशेष योग्यता और विभिन्न क्षेत्रों का अनुभव होता है। आज के दौर में कई प्रकार की योग्यता रखनेवालों की भूमिका का चलन है। उदाहरण के लिए एक फाइनेंस के जाननेवाले से यह भी उम्मीद की जाती है कि उसे बिजनेस के ऑपरेशनल पहलू की भी जानकारी हो। कभी-कभी ऐसी बहुमुखी प्रतिभा की आवश्यकता हमें टीमवर्क में या कोलेबोरेशन में होती है। कंपनियों की यह स्थिति साफ हो गई है। उन्हें वर्तमान और भविष्य में ऐसे मैनेजर चाहिए, जो मल्टीफंक्शन जानते हों और कर सकते हों। एम.बी.ए. यह भूमिका अच्छी प्रकार से निभा सकता है। आनेवाले समय में ये कॉरपोरेट प्रोफेशनल ही कंपनी की उत्पादकता को बढ़ाएँगे।

इसलिए भविष्य को ध्यान में रखते हुए एम.बी.ए. की डिग्री, विशेष उपलब्धि है। यह विभिन्न उद्योगों में सफलतापूर्वक नियुक्ति पाने के लिए महत्त्वपूर्ण योग्यता है और यह किसी एक ही तरह के उद्योग तक ही सीमित नहीं है।

प्र. 4 आनेवाले पाँच साल उद्योगों के लिए कैसे रहेंगे?

उ. पिछले एक दशक से हमने उद्योगों में बहुत विकास और बदलाव आते देखे हैं। अगर पिछली शताब्दी की बात करें तो लगभग अर्द्धशताब्दी तक कार्यशैली, तकनीकी और डिजिटाइजेशन का कोई खास फर्क नहीं पड़ा था, लेकिन कंप्यूटर के आने से उद्योग जगत् में ऐसे अवसर आए

हैं, जिनसे बिजनेस को और प्रोडक्टिव और प्रभावशाली बनाया जा सकता है।

यह कहना गलत नहीं होगा कि इस बड़े बदलाव और बढ़ते हुए अवसरों का कारण मुख्यतया ये प्रोफेशनल ही हैं, ये ही वे लोग हैं, जिन्होंने यह सब करके दिखाया है। लगातार विकास के लिए बदलाव, बिजनेस का मंत्र बन चुका है, क्योंकि यह समय की माँग है कि इस प्रतिस्पर्धा और अवसरों को बढ़ाने की प्रक्रिया में आप सबसे आगे रहें। तेज कम्युनिकेशन नेटवर्क की वजह से लगभग हर सूचना बटन दबाते ही लोगों तक पहुँच जाती है। इस प्रकार अगले पाँच साल में भी उद्योगों में हम वही सब देखेंगे, जो पिछले दस साल से देखते आए हैं और यह सब नए विचारों और सोच का नतीजा होगा, जो अपने तरीके से एक नया रास्ता बना लेगा।

एक बड़ी संभावना है, जब हम उन लोगों को देखेंगे, जो अपने खुद के स्टार्टअप निकालेंगे। पिछले दो-तीन वर्षों में ही हमने बड़ी-बड़ी सफलता की कहानियाँ बना डाली है, जो नए विचारों और कल्पनाओं से शुरू हुई थीं। ऐसे बहुत से उद्योगों ने सफल होकर पिछले वर्षों के रिकॉर्ड को भी पीछे छोड़ दिया है। इसलिए व्यापार अब पहले से आसान हो गया है। आज बहुत से सुझाव हैं, जो खुद अपनी कहानी बताते हैं। किसी एक के लिए एक सुअवसर; दूसरे के लिए नकारात्मक भी हो सकता है। कंपनियाँ एक-दूसरे से कंपीटीशन में व्यस्त हैं, अपनी सुपिरीयरिटी हर कोई बनाए रखना चाहता है। हम देखते हैं कि विश्व की बड़ी-बड़ी कंपनियाँ जैसे कोडक, सोनी, पेनासोनिक आदि मार्केट में अपनी पोजिशन के लिए संतुष्ट रहती थीं। कोडक ने आनेवाली चेतावनी को नहीं देखा तो दिवालियेपन की तरफ चल पड़ी, सोनी और पैनासोनिक जैसी कंपनी ने अपने शेयर्स कोरियन कंपनी को दे दिए हैं।

इसलिए यह कहा जा सकता है कि उद्योग में यह उत्तेजना बनी रहेगी और अवसर भी उसी तरह बने रहेंगे। अभी तक हम उन सर्वोत्तम अवसरों के नजदीक नहीं पहुँचे हैं, जो हमारे सोचने-समझने और क्रियान्वयन के लिए बने हैं।

□

"FMCG एवं मीडिया दोनों में ही ग्राहकों को मैनेज करने की बड़ी माँग है।"

हिमांशु मांगलिक
राष्ट्रीय हेड-कॉरपोरेट संचार
नेस्ले इंडिया

प्र. 1 आज के परिदृश्य में एक एम.बी.ए. के लिए क्या-क्या अवसर या संभावनाएँ हैं?

उ. अगर बुनियादी तौर पर मैनजमेंट की अच्छी पढ़ाई की गई है तो अवसर हमेशा खुले हैं। इंडस्ट्री उन प्रोफेशनल की तलाश में रहती है, जो समस्याओं को समझते हैं, जिन्हें यह पता है कि इनका हल कहाँ से निकलेगा और जिनके पास उसे करने की योग्यता और इच्छा दोनों होती हैं, विशेष तौर पर आज जबकि (अर्थव्यवस्था) परिस्थितियाँ दिन-प्रति-दिन जटिल होती जा रही हैं, हमें उन नई प्रतिभाओं की जरूरत है, जिन्होंने क्रमबद्ध रूप से एम.बी.ए. की पढ़ाई है और जो उसी इंडस्ट्री से संबंधित क्षेत्र से हैं। एक एम.बी.ए., हमें उस आधार के रूप में देखना चाहिए, जो हमें वर्तमान सोच से जोड़ता है, जिसमें परिस्थिति को तेजी से समझने की शक्ति है और चुनौतियों का सामना करते हुए मूल्यों को बढ़ावा देता है। एक कहावत है कि एक एम.बी.ए. किसी छात्र/अभ्यर्थी को अच्छी शुरुआत करा सकता है, लेकिन एम.बी.ए. आपकी सफलता का पासपोर्ट नहीं है। आपका विकास बहुत सारे प्रयासों पर निर्भर करता है, लेकिन एक एम.बी.ए. की क्षमता इसे अलग तरह से विकसित करती है।

प्र. 2 एक फ्रेश एम.बी.ए. के लिए विशेष तौर पर एफ.एम.सी.जी और मीडिया जगत् में क्या-क्या अवसर हैं।

उ. सामान्य तौर पर इंडस्ट्री की प्रेक्टिस है कि एम.बी.ए. को गैर एम.बी.ए. से एक कदम आगे रखा जाता है। एम.बी.ए. के लिए हर क्षेत्र में एंट्रीलेवल पर अवसर/संभावनाएँ रहती हैं जैसे—मार्केटिंग, सेल्स, एच.आर., सप्लाई चेन आदि। (FMCG) एफ.एम.सी.जी हो या मीडिया इंडस्ट्री, इनमें ऐसे

मैनेजर चाहिए, जो ग्राहक को मैनेज कर सकें और ग्राहक की बढ़ती उम्मीदों को समझ सकें तथा आनेवाले समय के अनुसार बदलते परिवेश को भी समझ सकें। एम.बी.ए. को ज्यादा सुव्यवस्थित माना जाता रहा है, ग्राहक के रुझान को समझकर जीवन शैली को बदलने में यह सहायता करता है।

प्र. 3 जब आप नियुक्ति के लिए जाते हैं तो एम.बी.ए. में कौन-कौन से गुण देखना चाहते हैं ?

उ. 1. जब मैं चयन करता हूँ तो एम.बी.ए. को तीन श्रेणी में परखता हूँ। सबसे पहले तो उम्मीदवार के आत्मबल को परखता हूँ। उसमें लीडरशिप की क्वालिटी, ईमानदारी, साहस और टीम वर्क की योग्यता को परखता हूँ।

2. दूसरी श्रेणी में उसकी लीडरशिप की क्वालिटी सकारात्मक सोच, उत्सुकता और जोश।

3. तीसरी श्रेणी, निश्चित तौर पर उनकी अपने विषय पर जानकारी और जिस इंडस्ट्री में वे काम कर रहे हैं, उसके रुझान को समझने की क्षमता।

इन तीनों श्रेणियों को मिलाकर उसकी संपूर्ण क्षमताओं का मूल्यांकन किया जा सकता है। मैं यह मानता हूँ कि उन्हें आँकने का यही तरीका बढ़िया है, फिर भी जिनका चयन नहीं हो पाता, उन्हें निराश या हतोत्साहित होने की जरूरत नहीं है।

प्र. 4 एफ.एम.सी.जी या मीडिया जगत् में प्रवेश के बाद एक एम.बी.ए. को अपने कॅरियर को बेहतर और सुदृढ बनाने के लिए क्या करना चाहिए।

उ. मैनेजमेंट की पढ़ाई सक्रिय रहने की प्रक्रिया है। यह जानकारी को इकट्ठा करने, उनको एनालाइज करने और क्षमताओं को बढ़ाने की योग्यता को विकसित करना है। छात्रों को अपनी पढ़ाई खुद से करनी है। बहुत से लोग चीजों को याद करने में अटक जाते हैं, थ्योरी और फार्मूले याद नहीं होने पर उन्हें बोझ समझते हैं और सिर्फ कोर्स को पास करने का आसान तरीका ढूँढ़ने लगते हैं। एम.बी.ए. सिर्फ क्लास में बैठकर लेक्चर सुनना, जानकारी हासिल करना ही नहीं, बल्कि सेशन को समझने और

प्रैक्टिकल सिचुएशन को समझने से संबंधित है। एफ.एम.सी.जी. और मीडिया जगत् में लगातार बदलाव आ रहे हैं, जिसके ज्वलंत उदाहरण हैं कि ऑनलाइन शॉपिंग, इ-मेल, अखबार और टेलीविजन ने हमारी खरीदारी और खान-पान को हर तरह प्रभावित किया हुआ है। जो मैंनेजमेंट की पढ़ाई के प्रति गंभीर हैं, आगे बढ़ना चाहते हैं, उन्हें तो नींद में भी यही सोचना चाहिए कि जो कुछ उन्होंने क्लासरूम में पढ़ा है, उसे रीयल लाइफ से कैसे जोड़ सकते हैं।

फैकल्टी के पास तो बहुत सारी जानकारी है, केसेज का भंडार है, पुराना और लगातार बढ़ता हुआ अनुभव है, जिसे निश्चित समय में शेयर भी नहीं किया जा सकता। अब छात्रों को भी प्रोफेशनल तरीके से सोचना होगा, अपनी रुचि वाले एरिया में अपनी बुद्धिमत्ता को ऊँचाइयों पर ले जाना होगा।

प्र. 5 इंडस्ट्री में जाने के बाद छात्र को अपना बेहतर भविष्य/कॅरियर के लिए स्वयं को कैसे विकसित करना चाहिए?

उ. मैं हमेशा से विश्वास करता आया हूँ कि कोई फर्क नहीं पड़ता कि हम कहाँ हैं और क्या कर रहे हैं, बस हमें अपनी क्षमता के मुताबिक 'बेस्ट' करना चाहिए। दुर्भाग्यवश, हममें बहुत से लोग यह भूल जाते हैं कि लोगों से मिलना-जुलना, इंडस्ट्री के उद्देश्यों को ध्यान में रखकर टीम में काम करना, सफलता के लिए बहुत जरूरी है। जो भी हम करते हैं या प्रस्तुत करते हैं, उससे लोग हमसे कुछ आशा करने लगते हैं। उन्हीं आशाओं को मैनेज करने की योग्यता ही हमारा भविष्य/कॅरियर को निर्धारित करेगी। आजकल बड़ी कंपनियों ने सीनियर लेवल मैनेजरों को निर्देश दिया गया है कि वे कंपनी से संबंधित लोगों (जो आतंरिक रूप से या बाहरी रूप से जुड़े हों) से फीडबैक लेकर अपनी कंपनी के कार्यों का मूल्यांकन करें। हमें अपने को विकसित करते रहने की आवश्यकता है।

कॅरियर को विकसित करने के कुछ लक्षण—

1. अपने एरिया के अलावा अन्य कार्यों को समझने की इच्छा
2. अपनी इंडस्ट्री और कार्यों के बारे में लगातार सीखना
3. अस्पष्टता को दूर करने की कला

4. दुनिया भर में जाने के लिए तैयार रहें
5. योग्यता का प्रदर्शन करें,उद्देश्यों को प्राप्त करने के लिए अगर कभी हमारी खुद की और कंपनी की वेल्यूज मेल नहीं खा रही हों तो बेहतर होगा कि अपनी सही दिशा चुनें और जहाँ आपके मूल्यों (Values) को स्थान मिले, ऐसी कंपनी का चयन करें। कॅरियर वहाँ तेजी से बढ़ता है, जहाँ कंपनी और एंपलाई दोनों ही अच्छी स्थितियों में रहते हों।

प्र. 6 अगले पाँच वर्षों में इंडस्ट्री का भविष्य कैसा होगा ?

उ. तेजी से बढ़ती हुई तकनीक और बदलाव के चलते मैनेजमेंट का तरीका और स्पीड भी बदल गए हैं। अब इंडस्ट्री भी यह समझ चुकी है कि तरीके अधिक महत्त्वपूर्ण होते हैं, जो उनके लोग करके दिखा सकते हैं। उन्हें ऐसे मैनेजरों की तलाश है, जो शिक्षित, सभ्य, लक्ष्य पर केंद्रित, तेज, परिवर्तनशील, एक अच्छे उद्यमी की तरह रिस्क लेने की हिम्मत रखनेवाले हों। मैं तो यह कहूँगा कि अगले पाँच वर्ष में बहुत सारे परिवर्तन आनेवाले हैं। बस एक चीज है, जो नहीं बदलेगी, वह है ग्राहकों की पसंद और जरूरतों को समझने की कला,हालाँकि तकनीक और भी जटिल हो सकती है, लेकिन जो आधारभूत संकल्पनाएँ हैं, वे नहीं बदलेंगी और कंपनियाँ यही कहती रहेंगी 'बैक टू द बेसिक्स' यानी 'बुनियादी बातों पर वापसी'।

प्र. 7 कौशल और जानकारी के अलावा एक एम.बी.ए. में क्या-क्या गुण होने चाहिए ?

उ. नैतिक व्यवहार और सहानुभूति मेरे लिए बहुत महत्त्वपूर्ण हैं। एक मैनेजर में ये आदतें बुनियादी तौर पर होनी चाहिए, चाहे वह किसी भी कॅरियर को चुने या तलाश करे।

प्र. 8 समाज और राष्ट्र के निर्माण में एक एम.बी.ए. किस तरह से सहयोग दे सकते हैं ?

उ. समाज और राष्ट्र के निर्माण में सहयोग देना सभी की जिम्मेदारी है, शायद एम.बी.ए. की जिम्मेदारी अधिक हो सकती है, क्योंकि वे पढ़े-लिखे, आनेवाले समय के आर्थिक और औद्योगिक दृष्टिकोण को समझनेवाले तथा आनेवाले मुद्दों से निपटने का कौशल रखनेवाले होते

हैं। उन्हें अपनी नैतिकता और मूल्यों को समझते हुए निर्णय लेने होंगे। अपने सहयोगियों और वरिष्ठों को ऐसे निर्णय लेने पर सहमत करेंगे, जो समाज और राष्ट्र के हित में हो। यह बहुत आसान तो नहीं है, पर ऐसी हर कोशिश महत्त्वपूर्ण होगी।

प्र. 9 अपेक्षाकृत छोटे शहरों से आए अभ्यर्थी, जिनका शिक्षा माध्यम हिंदी रहा है, उनके लिए आपके क्या सुझाव हैं?

उ. सफलता केवल उन्हीं लोगों के लिए नहीं है, जो अंग्रेजी बोलते हैं या बड़े शहरों में रहते हैं। वास्तव में जो बातें लंबे समय तक महत्त्व रखती हैं, वे हैं हमारे सपने, कड़ी मेहनत से काम करके उन्हें पूरा करने की योग्यता। अगर अभी तक शिक्षा का माध्यम हिंदी रहा है तो उन्हें थोड़ी मेहनत करनी होगी अंग्रेजी सीखने के लिए। वे एक्सट्रा क्लासेज ले सकते हैं। एम.बी.ए. की पढ़ाई के दौरान उन्हें अंग्रेजी के सेशन लेने चाहिए। मैंनेजमेंट, अंग्रेजी का जानना नहीं है, बल्कि उस कंसेप्ट को समझना और उससे रिलेट करना है, फिर अंग्रेजी का जानना जरूरी है, क्योंकि आज की कंपनियाँ ज्यादातर काम अंग्रेजी में करती हैं और उसे समझने के लिए सबको अंग्रेजी सीखनी चाहिए। याद रखें कि आज हम ग्लोबल इकोनामी में जी रहे हैं और हमें दुनिया के किसी भी कोने में काम के लिए भेजा सकता है। ऐसी जगह पर जाकर अगर हमें वहाँ की भाषा नहीं आती है तो क्या करेंगे? इसका हल यही है कि मैं अपने दोस्तों और सहयोगियों को देखता हूँ कि चीन में जो काम करने गए हैं, वे चीनी भाषा सीख रहे हैं।

प्र.10 किसी अच्छे बी-स्कूल में प्रवेश पाने के लिए एक अभ्यर्थी को किस तरह से तैयारी करनी चाहिए?

उ. बी-स्कूल में प्रवेश की तैयारी को प्लान करना होगा। यह बी-स्कूल जाने से दो वर्ष पहले शुरू हो जाती है। पहले आपका यह जानना जरूरी है कि आप क्या करना चाहते हैं। उसके बाद उन बी-स्कूलों/कॉलेजों की सूची बनाएँ।

इन तीन बातों पर विशेष ध्यान दें—

1. जहाँ तक हो सके, वर्क एक्सपीरियंस लें
2. कैट परीक्षा में अच्छा स्कोर करें

3. अपने लक्ष्य को निर्धारित करें

आपका वर्क एक्सपीरियंस आदर्श रूप में (कार्य अनुभव) आपकी इच्छाओं और उद्देश्य से मिलता-जुलता होना चाहिए। ज्यादातर बी-स्कूल दो साल का एक्सपीरियंस चाहते हैं, जो आपकी लीडरशिप, स्थायी परिणाम और विकास की क्षमता को दिखाए। अगर आपके पास अनुभव नहीं है तो एक अच्छा स्कोर ही आपको सुरक्षा दे सकता है। कैट या जीमैट, आपकी एप्लीकेशन का एक महत्त्वपूर्ण हिस्सा हैं। आपको अच्छे स्कोर के लिए तीन महीने की तैयारी करना जरूरी है। तैयारी करने के लिए अपने बेसिक्स को मजबूत करें और ज्यादा-से-ज्यादा (MOCK) टेस्ट दें। अंत में लक्ष्य को निर्धारित करने में आप स्पष्ट हों और बी-स्कूल से उसे प्राप्त करके स्वयं का भविष्य किस प्रकार देखते हैं, यह जानना जरूरी है।

प्र.11 एक अभ्यर्थी को किस प्रकार बी-स्कूल का चयन करना चाहिए?

उ. एम.बी.ए. करना आपके जीवन के महत्त्वपूर्ण निर्णयों में से है। बी-स्कूल का चयन करते समय आपको बी-स्कूल की रेपुटेशन, रैंकिंग, पढ़ाई का तरीका, प्लेसमेंट की स्टार्टिंग सेलरी, स्टूडेंट लाइफ, ट्यूशन फीस, प्रोग्राम की अवधि इत्यादि का ध्यान रखना चाहिए।

□

"स्टार्टअप में एम.बी.ए. की संभावनाएँ बढ़ी हैं।"

डॉ. अभिजित नायर
सीनियर कन्सल्टेंट (पूर्व),
नेशनल ज्योग्राफी चैनल

प्र. 1 आज के परिप्रेक्ष्य में आप एक एम.बी.ए. के लिए क्या संभावनाएँ और अवसर देखते हैं?

उ. एक एम.बी.ए. के लिए अवसर एवं संभावनाओं में मूलभूत आधार पर कोई बड़ा बदलाव नहीं आया है। आज एक एम.बी.ए. बनना, आज से 10 बरस पहले के एम.बी.ए. बनने से बहुत अलग है। हर क्षेत्र में अवसर बढ़े हैं, हालाँकि कुछ क्षेत्रों में ये कम भी हुए हैं, पर मिलनेवाले अवसर और संभावनाएँ लगभग पहले जैसे ही हैं। तेजी से बढ़ते हुए 'स्टार्टअप' और उनकी बढ़ती हुई माँग से मैनेजमेंट के छात्रों के लिए संभावनाएँ बढ़ी हैं, क्योंकि आज के एम.बी.ए. मीडिया की समझ रखते हैं। इसलिए इन स्टार्टअप को एक बेहतर शुरुआत देने में समर्थ हैं। समय के साथ इनकी जिम्मेदारी और कंपनी में इनकी भूमिका में बदलाव तो अवश्य आया है। आज भी कंपनी मार्केटिंग और फाइनेंस बेसवाले एम.बी.ए. को प्राथमिकता देती है। एम.बी.ए., जो डाटा एनेलेटिक स्किल, एम एस एक्सल में निपुण हैं, जो सी.आर.एम. टूल्स इस्तेमाल करना जानते हैं, उन्हें कंपनियाँ जल्दी सलेक्ट करती हैं। कंपनियाँ चाहती हैं कि उन्हें एक विशेष कौशलवाला एम.बी.ए. छात्र मिले, जो किसी विशेष क्षेत्र या क्षेत्रों में एक्सपर्ट हो। मुझे पता है कि हाल ही में एफ.एम.सी.जी., बैंकिंग, वित्तीय संस्थाओं, रिसर्च फर्मों में या कंसलटेंसी के लिए मैनेजमेंट ट्रेनी के पद पर बहुत से छात्रों को नियुक्त किया गया।

प्र. 2 फ्रेश एम.बी.ए. के लिए उद्योग जगत् में क्या संभावनाएँ हैं?

उ. फ्रेशर्स को दरअसल कंपनियाँ पहले बाजार को समझने का रोल देना चाहती हैं। बाजार की परिस्थितियाँ समझने के लिए कंपनी उन्हें विभिन्न क्षेत्रों में भेजकर मार्केट में अपने प्रोडक्ट की जरूरतों को समझने के लिए कंपनी को और फायदा पहुँचानेवाली संभावनाएँ ढूँढ़ती है। फ्रेश एम.बी.ए.

को जगह-जगह जाकर मार्केट नॉलेज लेना शायद अजीब लगे, लेकिन जब उनकी शैक्षिक योग्यता और व्यक्तिगत क्षमता साथ मिलकर काम करें तो नए आयाम स्थापित होते हैं और वे कंपनी की संपत्ति, यानी धरोहर बन जाते हैं। जो फ्रेश एम.बी.ए. अधिकतर ऊर्जा समेटे हुए हमेशा काम करने को तैयार तथा सीखने और जानने की इच्छा से भरे होते हैं, वे कंपनी की पहली पसंद होते हैं।

प्र. 3 आप चयन करते हुए, एक एम.बी.ए. में कौन-कौन से गुणों की अपेक्षा रखते हैं ?

उ. उर्जा, उत्साह, जोश के साथ सीखने और स्वयं के विकास करने के लिए हमेशा तैयार रहनेवाला दृष्टिकोण किसी भी एम.बी.ए. को बहुत आगे तक ले जा सकता है। एक ऐसा व्यक्ति/अभ्यर्थी, जो बिजनेस के विभिन्न पहलुओं को समझने की इच्छा रखता हो, एक अनेलेटिकल दिमाग के साथ-साथ आधुनिक इनफार्मेशन टेक्नोलॉजी का इस्तेमाल करना जानता हो। हाल ही में एक छात्र सुधांशु एक मल्टीनेशनल कंपनी में प्लेस हुआ है, जिसका मुख्य कारण उसकी योग्यता और विभिन्न दक्षताओं का मिश्रण है। कई प्रोफिशेंसी जब एक साथ मिल जाती हैं तो एक शानदार व्यक्तित्व का निर्माण होता है।

प्र. 4 एक सुदृढ भविष्य/कॅरियर बनाने के लिए पढ़ाई के दौरान एम.बी.ए. अभ्यर्थी को क्या करना चाहिए।

उ. पढ़ाई के लिए सीरियस होना जरूरी है। पहले वर्ष में व्यापक पढ़ाई एक अनुशासनात्मक तरीके से होनी चाहिए। सभी पहलुओं जैसे बिजनेस, राजनीति, अर्थव्यवस्था, एकाउंटेंसी पर अधिक-से-अधिक जानकारी हासिल करनी चाहिए। इसके अलावा समस्याओं को सुलझाने की योग्यता, आपको भीड़ से अलग करती है। कॉलेज की इवेंट में हिस्सेदारी, सेमिनार, डिबेट, डिस्कशन, इंडस्ट्री के साथ लाइव प्रोजक्ट, टीम वर्क वगैरह आपको उज्ज्वल भविष्य की ओर ले जाते हैं। दूसरे वर्ष में आप अपने चुने हुए विषयों में महारथ हासिल करते हैं। आप इंटरेस्ट और योग्यता के आधार पर विषय चुनते हैं और उनमें एक्सपर्टाइज हासिल करते हैं। सोशल मीडिया और नेटवर्किंग, बिजनेस कान्फ्रेंस और विषय विशेषज्ञों के साथ लगातार बातचीत आपके कौशल का सर्वांगीण विकास करते हैं।

प्र. 5 उद्योग में शामिल होने के बाद एक एम.बी.ए. को अपने बेहतर कॅरियर के लिए क्या करना चाहिए ?

उ. इंडस्ट्री में शामिल होने के बाद सबसे पहले तो आनेवाली स्थितियों और समस्याओं से निपटते हुए अपनी नियमित जिम्मेदारियों को पूरा करना चाहिए। शुरुआत के महीने या साल भर ये बहुत नीरस, गंभीर, उबाऊ लग सकता है, लेकिन सिस्टम में आने के बाद आपको लगेगा कि आपने एक अच्छे काम की नींव रख दी है। बहुत से एम.बी.ए. इस निर्माण प्रक्रिया का आनंद लेते हैं। अनुभवहीनता और शैक्षणिक कमियाँ भी कुछ नया जानने, कार्यों को पूरा करने, लक्ष्यों के प्रति तथा एक टीम के साथ सही दिशा में काम करने के लिए सहायक होती हैं।

प्र. 6 उद्योगों में अगले पाँच सालों में एम.बी.ए. के लिए आप क्या भविष्य देखते हैं ?

उ. उद्योग तो हमेशा आगे ही बढ़ते हैं, हालाँकि उतार-चढ़ाव तो आते रहते हैं, जिसे मूलत: बाजार भाव, डॉलर में गिरावट, यूरोपियन यूनियन की स्ट्रेटेजी, राजनीतिक उथल-पुथल, आर्थिक सलाह, वित्तीय सुधार आदि व्यवसाय को प्रभावित करते हैं। मिडिल क्लास तो ऐसे अवरोधों से प्रभावित हो जाता है, लेकिन उद्योग इन सभी मापदंडों को अपने अनुकूल बनाकर आगे बढ़ते रहते हैं। उदाहरण के लिए कंप्यूटर के आने के बाद सभी सरकारी, गैर सरकारी विभागों और कंपनियों ने इसे अपनाया और इस बदलाव को स्वीकार करते हुए अपने कार्य आसान किए हैं।

प्र. 7 कौशल और ज्ञान के अलावा किन मूल्यों को आप एक एम.बी.ए. में देखना चाहेंगे ?

उ. समाज के लिए स्वेच्छा से किए गए कार्यों का चलन बढ़ रहा है, जो स्वीकार्य तो है ही, साथ ही जरूरी भी है। मिलेनियम पीढ़ी से इस दिशा में एक बेहतर उम्मीद है। इनकी आकांक्षाएँ पिछली पीढ़ियों से अलग हैं। बेशक एक लंबे कॅरियर के लिए न हो, लेकिन अपने और करीबी की खुशी के लिए ये ऐसे कार्य जरूरी करेंगे। ऐसा पाया गया है कि कंपनियों ने चयन करते हुए ऐसे दृष्टिकोण को बाध्य रूप से एक अपेक्षित योग्यता बना दिया है।

एक प्रोजक्टिव रोल मॉडल, रचनात्मक फीडबैक, दूसरों के विचारों का

सम्मान, सामाजिक भ्रांतियों से परे और परमावश्यक, अखंडता की भावना रखना एक एम.बी.ए. के लक्षण होने चाहिए।

प्र. 8 एम.बी.ए. समाज और राष्ट्र निर्माण की दिशा में क्या योगदान कर सकता है ?

उ. युवा समाजिक रूप से जिम्मेदार होने चाहिए। एक एम.बी.ए. स्टूडेंट यह जानता है कि समस्याओं को छोटे-छोटे टुकड़ों में बाँटकर उन्हें छोटा करके हल कैसे किया जाए, हम बी-स्कलों में यही अभ्यास कराते हैं। छोटे-छोटे प्रश्नों के माध्यम से एक बड़े प्रश्न का हल हो जाता है। शुरू में यह तरीका थोड़ा धुँधला या अदृश्य लगेगा, किंतु अलग-अलग विचार और दृष्टिकोण जब इस पर कार्य करते हैं तो एक व्यावहारिक समाधान सामने आता है। समाज की सबसे बड़ी माँग यही है कि सभी संस्थान/ बी-स्कूल मिलकर सामाजिक भेद-भाव को दूर करें। बी-स्कूल केवल पैसे बनानेवाले और समस्या हल करनेवाले ही नहीं, बल्कि समाज का विकास करनेवाले और कुरीतियों व भेदभाव को मिटाने व जिम्मेदार नागरिक तैयार करनेवाले बनें। ऐसे छात्र एक शक्तिशाली राष्ट्र के निर्माण में सकारात्मक भूमिका निभाएँगे।

प्र. 9 अपेक्षाकृत छोटे शहर से आए ऐसे शिक्षार्थी, जिनकी शिक्षा का माध्यम हिंदी रहा है, उनके लिए आपके क्या सुझाव हैं ?

उ. सन् 2001 की जनगणना के मुताबिक भारत में लगभग 422 लाख लोग हिंदी बोलते हैं। अब ये आँकड़ें 500 या 600 लाख तक पहुँच गए होंगे। मीडिया की भाषा अंग्रेजी और हिंदी दोनों का मिश्रण है। अगर हम कामकाजी लोगों की बात करें, जो फाइनेंस, कज्यूमर गुड्स, रिटेल या होलसेल में काम करते हैं, अधिकतर अंग्रेजी समझ सकते हैं, बोल सकते हैं, लेकिन हिंदी में सब-कुछ अच्छे से मैनेज कर लेते हैं। ये ज्यादातर किस तरह के ग्राहक हैं, उस पर भी निर्भर करेगा। कुछ सेक्टर जैसे कंसलटेंसी, विदेशी बैंक, आई टी कंपनी के पी.ओ. या जी.पी. ओ., अंग्रेजी निपुण एम.बी.ए. को ही चाहती हैं। दक्षिण या उत्तर-पूर्व से आए लोग अधिकतर अंग्रेजी आसानी से बोल सकते हैं, क्योंकि वहाँ क्षेत्रीय भाषाएँ बहुत सारी हैं। माध्यम के लिए एक भाषा का होना अनिवार्य है तथा उन्हें हिंदी की जानकारी न होने के कारण भी अंग्रेजी

सीखना उनके लिए आवश्यक हो जाता है।

खास तौर पर हिंदी क्षेत्र से छोटे शहरों या गावों से आनेवाले हिंदी माध्यम विद्यार्थियों के लिए बी-स्कूलो में ऐसी बहुत सी गतिविधियाँ होती हैं, जिनसे अंग्रेजी का स्तर बढ़ सके। हालाँकि मुश्किल है, पर एक आम धारणा है कि अंग्रेजी बोलना सफलता के लिए जरूरी है, इसका अच्छा असर होता है कि इससे अभ्यर्थियों को भी अंग्रेजी सीखने में दिलचस्पी हो जाती है और वे सीखने, लिखने तथा व्यवहार में आश्चर्यजनक रूप से अंग्रेजी का प्रयोग करने लगते हैं। परिवर्तन के इस दौर में इंटरनेट, ऑडियो/वीडियो, डॉक्यूमेंट्री फिल्में, किताबें अब छोटे शहरों तक भी पहुँच चुकी हैं, जिनका काफी फायदा हो सकता है।

हमारा एक स्टूडेंट, जो पंजाब, भटिंडा गाँव से था और अंग्रेजी बोलने में ज्यादा होशियार नहीं था, आज उसकी राइटिंग स्किल बहुत बेहतर हो चुकी है। उसने www.hemingwayapp.com और Ginger सॉफ्टवेयर की मदद ली। अच्छी कंप्रेहेंशन के लिए उसने लगातार सब टाइटिलवाली अंग्रेजी फिल्में देखीं व डॉक्यूमेंट्री फिल्में देखीं। सच्ची और सही दिशा में की गई कोशिशें सफलता अवश्य दिलाती हैं।

प्र.10 एम.बी.ए. अभ्यर्थी को एक अच्छा बी-स्कूल कैसे चुनना चाहिए?

उ. एक अच्छा बी-स्कूल वह होता है, जो छात्र में अच्छी कम्युनिकेशन स्किल, एनेलिसिस की क्षमता, स्वस्थ शरीर व मन के साथ समस्याओं को सुलझाने की क्षमता, अच्छा प्रेरक, अच्छा चरित्र और अच्छा व्यक्तित्व बनाने में सहायता करे। मैं देखता हूँ कई अभ्यर्थी या उनके पैरेंट्स अकसर हमारे सुरक्षा गार्डों, ऑटो रिक्शा, टैक्सी चालकों से हमारे बारे में जानकारी लेते रहते हैं, क्योंकि ये कुछ ऐसे लोग हैं, जो इंस्टीट्यूट व इसके छात्रों को करीब से देखते हैं व उनके बीच कार्य करते हैं। चयन के लिए हर छोटे-छोटे पहलू महत्त्वपूर्ण होते हैं।

□

"तीनों सेनाओं में एम.बी.ए. की बहुत अधिक आवश्यकता है।"

प्रो. (कर्नल) ए. के. राजपाल
भूतपूर्व डायरेक्टर, मिलिटरी ट्रेनिंग-14,
आर्मी हेडक्वार्टर्स, सेना भवन,
नई दिल्ली

प्र. 1 आज के परिप्रेक्ष्य में एम.बी.ए. अभ्यर्थी के लिए कौन-कौन से अवसर हैं?

उ. दुनिया भर में बढ़ती हुई नॉलेज इकोनॉमी तथा इंफार्मेशन सोसाइटी ने एम.बी.ए. की भूमिका को फिर से बिजनेस और अर्थव्यवस्था के संचालक के रूप में बढ़ा दिया है, जबकि परंपरागत रोजगारों में अवसर शायद स्थिर रहे या न रहे, किंतु 'स्टार्टअप' के व्यवसाय, इनोवेटिव टेकनीक हमेशा इन बिजनेस ग्रेजुएट को अपनी पहचान बनाए रखने के अवसर देगी। डिजीटाईजेशन और नई टेकनोलॉजी इनके लिए स्वरोजगार के रूप में डिजाइन, क्रिएटिवेटी एवं सृजनात्मक रोजगार सहायता प्रदान करेंगे तथा इन्हें नए आयाम छूने के लिए प्रेरित करेंगे, जिससे स्वरोजगार के अवसर बढ़ेंगे एवं देश की अर्थ व्यवस्था को मजबूत करेंगे। हाल ही में माननीय प्रधानमंत्रीजी ने विज्ञान भवन में स्टार्टअप प्रोजेक्ट का उद्घाटन किया है, जिसमें लगभग दस लाख पचास हजार लोगों ने अपनी दिलचस्पी दिखाई।

प्र. 2 एम.बी.ए. के लिए डिफेंस आर्मी, एयरफोर्स और नेवी में तथा अन्य उद्योग जगत् में अवसर व संभावनाएँ क्या हैं?

उ. मिलिटरी ट्रेनिंग प्रशासन व प्लानिंग का डायरेक्टर होने के नाते मैं व्यक्तिगत रूप से यह महसूस करता हूँ कि एम.बी.ए. स्नातकों की तीनों सेनाओं में बहुत आवश्यकता है। तीनों सेनाओं में एम.बी.ए. का स्वागत है, क्योंकि अच्छी मैनेजमेंट स्किल, स्ट्रेटेजिक प्लानिंग की यहाँ हमेशा से आवश्यकता रही है।

प्र. 3 रिक्रूटमेंट के समय एम.बी.ए. में कंपनी कौन से गुण ढूँढ़ती हैं?

उ. विकास प्रकृति का नियम है। नौकरी व उनके तरीकों में काफी बदलाव

आया है। रिक्रूटमेंट के समय हम उस हर पहलू को जानना चाहते हैं, जो उम्मीदवार को दी जानेवाली जिम्मेदारी को निभाने की योग्यता को सुनिश्चित करता हो। इसके अलावा एक एम.बी.ए. कैंडीडेट से उसके अंतर्मन की सुंदरता, संपूर्ति, पोजीटिव सोच, जीवट, उसका खुद पर भरोसा दरशाते हुए, शारीरिक भाषा, काम करने व सहयोग के लिए तत्परता, आवाज में जोश और समस्या सुलझानेवाला है या बढ़ानेवाला, ये सब जानना चाहते हैं।

प्र. 4 अपने भविष्य को सुदृढ बनाने के लिए एम.बी.ए. अभ्यर्थी को क्या करना चाहिए?

उ. जितना अधिक शिक्षित और प्रोडक्टिव होंगे, उतना ही कॅरियर मजबूत होगा। उन्हें अपने उज्ज्वल भविष्य के लिए ऐसा व्यवसाय चुनना चाहिए, जिसमें उन्हें दिलचस्पी हो तथा उसके विषय में वे दिल से मेहनत करना चाहते हों। सच्चे मायनों में ग्लोबल एक्सपोजर के लिए उन्हें अलग-अलग देशों से आए छात्रों के साथ मिल-जुलकर एक-दूसरे की कल्चर को जानना, रिसर्च ओरिएंटेड कार्य, नए उद्योगों के विषय में जानने की तीव्र इच्छा के साथ-साथ कड़ी मेहनत और अभ्यास अपने इंस्टीट्यूशन में कर सकते हैं, जिससे अपने कॅरियर को और सृदृढ बना सकते हैं। इसके लिए लाइव प्रोजेक्ट, सिमुलेशन गेम्स, या आउट बोंड ट्रेनिंग काफी अच्छे तरीके हैं।

प्र. 5 उद्योग में प्रवेश करने के बाद एम.बी.ए. स्नातक को बेहतर कॅरियर बनाने के लिए स्वयं को कैसे तैयार करना चाहिए?

उ. यूँ तो विकास के लिए व्यक्ति स्वयं जिम्मेदार होता है, लेकिन मेरे खयाल से इंडस्ट्री को भी अपने इंपलाई को विकसित करने में आगे रहना चाहिए। कंपनी उन्हें नए-नए तरीके व तकनीक से समय-समय पर ट्रेनिंग दिलाए, उनके विकास के लिए कार्यक्रम रखे। सीनियर अधिकारियों से, सी.ई.ओ. से बातचीत करवाए। कार्य करने के नए तरीकों को बढ़ावा दे। मेरे विचार में स्मार्ट लोग वे होते हैं, जो हरदम सीखने के लिए तैयार रहते हैं (जो कि एम.बी.ए. होते हैं) कंपनी को भी चाहिए कि ट्रेनिंग इनिशिएटिव बढ़ाए, जिससे उन्हें कुछ सीखने को मिलेगा।

प्र. 6 अगले पाँच वर्षों में डिफेंस और अन्य उद्योगों में एम.बी.ए. की क्या भूमिका होती है ?

उ. डिफेंस हो या कोई दूसरी इंडस्ट्री, लीडरशीप जिंदगी के हर मोड़ पर जरूरी है। पैसा कमानेवाले ये लोग वास्तव में अच्छे इनसान भी बनेंगे। मेरे खयाल से सफलता के सात चरण होते हैं।

W - Work Habit
S - Sensitivity
S - Skill & Knowledge
P - Proactive Approach
H - Hunger for Exposure
T - Team Work
C - Communication Skill

प्र. 7 नॉलेज और स्किल के अलावा आप एम.बी.ए. में किन मूल्यों को देखना चाहेंगे ?

उ. स्किल और नॉलेज के अलावा एम.बी.ए. में खुद पर विश्वास, अपने आरामदायक जीवन से निकलकर सर्वोत्तम, यानी बेस्ट की तरफ ध्यान देना, अपने उद्देश्य को निश्चित करना, निराशात्मक विषयों पर ध्यान न देते हुए परिस्थितियों को स्वीकार करते हुए अपने उद्देश्य को सर्वोपरि रखना और अपने स्वास्थ्य, शरीर, व्यक्तिगत आवश्यकता के साथ अपनी भावनाओं का भी ध्यान रखना चाहिए।

प्र. 8 राष्ट्र निर्माण और समाज के प्रति एम.बी.ए. किस प्रकार सहयोग दे सकते हैं ?

उ. एम.बी.ए. अभ्यर्थी समाज और राष्ट्र के निर्माण में महत्त्वपूर्ण योगदान कर सकते हैं। इनके योगदान को एक विशेष क्षेत्र के लिए सीमित करना अन्याय होगा। बेरोजगारी से लड़ने के लिए बेहतर तरीका है, अपने स्टार्टअप शुरू किए जाएँ और सामाजिक अर्थव्यवस्था में भागीदारी करें, जिससे समाज की उन्नति के साथ स्वच्छ वातावरण एवं सुदृढ अर्थव्यवस्था बने।

प्र. 9 छोटे कस्बों से आनेवाले अभ्यर्थिओं, जिनकी शिक्षा का अध्ययन हिंदी रहा हो, के लिए क्या सुझाव देना चाहेंगे ?

उ. एम.बी.ए. छात्र अभी तक समाज और राष्ट्र को नई ऊचाइयाँ देते रहे हैं।

भविष्य में भी ऐसा करते रहेंगे। जैसा कि हम देख सकते हैं कि दिन-प्रतिदिन ग्रामीण इलाकों से आनेवाले अभ्यर्थियों की संख्या बढ़ रही है। उन्हें इसके लिए थोड़ा ध्यान देना होगा। पहले तो वे अपने सेल्फ एस्टीम, यानी आत्म सम्मान को स्थिर रखें, क्लासरूम में ध्यान से सुनें, सहयोग माँगने में शर्म न करें! अपने टीचर, मेंटोर से अपने डाउट क्लीयर करें, जल्दबाजी न करें। इंस्टीट्यूट को ध्यान रखना चाहिए कि ऐसे अभ्यर्थी पीछे न रह जाएँ, उन्हें मुख्यधारा से जोड़ने के लिए मेंटोर उन पर विशेष ध्यान दें।

□

"इंजीनियरिंग में मिडिल लेबल पर MBA की जरूरत होती है।"

श्री नीरज शरण
COO, ग्रीव्स कोटन लि., पुणे

प्र. 1 वर्तमान परिप्रेक्ष्य में एम.बी.ए. करनेवालों के लिए कौन-कौन से अवसर हैं?

उ. अपने कॅरियर को बेहतर बनाने के लिए MBA काफी महत्त्व रखता है। आज के संदर्भ में कोई भी या तो इंटरप्रेन्योर बनने की सोचता है या फिर कॉरपोरेट जगत् में शीर्ष पर पहुँचना चाहता है। दोनों ही स्थितियों में MBA डिग्री होना महत्त्व रखता है। कॉरपोरेट जगत् की भी रुचि एक MBA में होती है, क्योंकि उन्हें बिजनेस को चलाने की बारीकियाँ एवं उससे जुड़ी ट्रिक्स का ज्ञान होता है।

प्र. 2 एम.बी.ए. के लिए उद्योग जगत् में क्या-क्या अवसर व संभावनाएँ हैं?

उ. ग्रीव्स जैसी कंपनी, अन्य कंपनियों से अलग नहीं है और वह भी MBA में सभी आवश्यक कौशल को ढूँढ़ती है। एक इंजीनियरिंग कंपनी होने के नाते हम सर्वप्रथम इंजीनियर को प्राथमिकता देते हैं, लेकिन मिडिल पोजीशन के लिए हमारी पसंद एम.बी.ए. ग्रेजुएट होते हैं, साथ ही हम उनमें कुछ वर्षो का कार्यानुभव भी ढूँढ़ते हैं।

प्र. 3 रिक्रूटमेंट के समय एम.बी.ए. में कंपनी कौन से गुण ढूँढ़ती है?

उ. हालाँकि हर एम.बी.ए. अपने साथ कुछ-न-कुछ अलग विशिष्टता लाता है, फिर भी हम उनमें कुछ चुनिंदा गुण देखते हैं, जैसे लीडरशीप, क्वानटिटेटिव एबीलिटी, वातावरण के साथ तालमेल, एक एम.बी.ए. को अपने दूरगामी और निकट भविष्य, दोनों के ही गोल निश्चित करने चाहिए।

प्र. 4 अपने भविष्य को सुदृढ बनाने के लिए एम.बी.ए. अभ्यर्थी को क्या करना चाहिए?

उ. एम.बी.ए. पाठ्यक्रम में छात्रों के कॅरियर को बनाने में कई विषयों की

पढ़ाई होती है, लेकिन मेरी समझ में Statistics & Accounting दो प्रमुख विषय हैं। किसी भी मैनेजर को बजट बनाना एवं फाइनेंशियल स्टेटमेंट पढ़ना बखूबी आना चाहिए। Statistics में प्रोबेबिलीटी का ज्ञान बारीकी से दिया जाता है, जिसका लाभ भविष्य में वे फोरकास्ट में कर सकते हैं। यह कौशल उनके लिए काफी उपयोगी होता है, जो कंपनी की स्ट्रेटेजी एवं प्लैनिंग से जुड़े होते हैं। एम.बी.ए. की क्लास में कंपनी की वर्तमान अवस्था एवं व्यवस्था से संबंधित केस को पढ़ाया जाना चाहिए।

प्र. 5 उद्योग में प्रवेश करने के बाद एम.बी.ए. स्नातक को बेहतर कॅरियर बनाने के लिए स्वयं को कैसे तैयार करना चाहिए?

उ. आमतौर पर एक नए एम.बी.ए. में व्यावहारिक ज्ञान एवं प्रैक्टिकल एपलिकेशन संबंधित कमियाँ पाई जाती है, हालाँकि उनके विषयों से संबंधित कॉनसेप्ट्स ठीक होते हैं। एक मैनेजर के नाते यह समझ बहुत आवश्यक है कि बिजनेस की बारीकियाँ क्या हैं और वे कंपनी की वृद्धि एवं विकास में क्या योगदान दे सकती हैं।

प्र. 6 अगले पाँच वर्षों में डिफेंस और अन्य उद्योगों में एम.बी.ए. की क्या भूमिका होती है?

उ. हालाँकि नई सरकार की नीतियों से इंजीनियरिंग एवं मैन्युफैक्चरिंग इंडस्ट्री में थोड़े सुधार के आसार नजर आ रहे हैंअन्यथा बीते वर्षों में, दोनों ही मंदे समय से गुजरी हैं। आवश्यकता इस बात की है कि निवेश बढ़े और इनोवेशन के जरिये इंडस्ट्री में तेजी आए।

प्र. 7 नॉलेज और स्किल के अलावा आप एम.बी.ए. में किन मूल्यों को देखना चाहेंगे?

उ. कौशल एवं ज्ञान के अलावा एक अच्छा इनसान साबित होना, अनुशासन, बहुआयामी व्यक्तित्व एवं फोकस्ड टेम्प्रामेंट, एक एम.बी.ए. को सफल बनाने के लिए आवश्यक हैं।

प्र. 8 राष्ट्र निर्माण और समाज के प्रति एम.बी.ए. किस प्रकार सहयोग दे सकते हैं?

उ. एम.बी.ए. में संसाधन एवं मौके दोनों हैं, जिससे समाज में गुणात्मक परिवर्तन आ सकते हैं। किसी भी समाज में कुशल व्यक्तियों का समूह,

सकारात्मक प्रभाव डालता है। उनकी जिम्मेदारी होती है कि वे अपनी टैलेंट एवं कौशल; दोनों का उपयोग कर समाज एवं पर्यावरण को प्रभावित करें। सिर्फ मुनाफें पर ध्यान न देकर समाज के प्रति उत्तरादायी कंपनियों के निर्माण में अपना प्रयास लगा दें।

प्र. 9 छोटे कस्बों से आनेवाले अभ्यर्थियों, जिनकी शिक्षा का माध्यम हिंदी रहा हो, के लिए क्या सुझाव देना चाहेंगे ?

उ. भारतीय कॉरपोरेट जगत् में कम्युनिकेशन अत्यधिक महत्त्व रखता है। अत: इस कला को सुधारना, प्रथम ध्येय होना चाहिए। अपने ज्ञान भंडार को लगातार अपडेट करने की आवश्यकता है और अपने सहपाठियों के बीच इसका प्रयास होना चाहिए। ग्रुप केस-स्टडी, सिमुलेशन, इंडस्ट्री से जुड़े प्रोगाम, इन सभी में सक्रिय रूप से भाग लेना चाहिए। आपसी संबंध एवं विषयों के ज्ञान, दोनों ही प्लेसमेंट के समय कंपनियाँ देखती हैं, अत: इन पर छात्रों को विशेष ध्यान देना चाहिए।

□

"तेल, ऊर्जा एवं पेट्रोलियम सेक्टर में विश्वस्त संभावनाएँ।"

श्री एम.एस. कुमार
हेड (रि.) पानीपत रिफाइनरी,
इडियन ऑयल कॉरपोरेशन

प्र. 1 वर्तमान परिप्रेक्ष्य में MBA छात्रों के लिए कौन-कौन से अवसर एवं संभावनाएँ दिखती हैं ?

उ. **MBA** छात्रों की खास विशेषता है कि वे एक विशेषज्ञ टैक्नोक्रैट न होकर बहुआयामी बिजनेस मैनेजर हैं, जिसका अतिरिक्त लाभ उन्हें इंडस्ट्री में मिलता है। आज पूरे विश्व में व्यापार एवं व्यवसाय की बड़ी संभावनाएँ खुली हुई हैं, जिनको एक एम.बी.ए. को पहचानना चाहिए और अपने लिए अवसर देश में एवं विदेशों में ढूँढ़ना चाहिए। वे अपनी नेटवर्किंग एवं कोलेबोरेशन क्षमता से विभिन्न सेक्टर में छात्र लाभ उठा सकते हैं। ये सर्विस सेक्टर में खासतौर पर विशेष लाभ पहुँचाती हैं, साथ ही एम.बी.ए. में स्ट्रेस मैनेज करने की क्षमता एवं विफलताओं से सीख लेकर सफल होने का दृढ विश्वास, दोनों ही विशेष गुण होते हैं, जो उनके लिए संभावनाओं के द्वार खोलते हैं।

प्र. 2 तेल, ऊर्जा एवं इंफ्रास्ट्रक्चर क्षेत्रों में एम.बी.ए. की संभावनाओं का संक्षेप में विवरण दें।

उ. तेल क्षेत्र में, तेल के संचार एवं भंडार के अंतर्गत **Sourcing & Logistic Services** की बहुत बड़ी संभावना है एवं जुड़े हुए प्रोडक्ट्स की मार्केटिंग एवं डिस्ट्रीब्यूशन में भी काफी संभावनाएँ हैं। तेल, उर्वरक एवं अन्य पेट्रोलियम प्रोडक्ट्स की समय से डिलिवरी और उनकी देश-विदेश में मार्केटिंग इस क्षेत्र में मुख्य अवसर हैं। देश में सौर ऊर्जा एवं विंड पावर के उभरते क्षेत्रों में एम.बी.ए. अपना काम शुरू कर सकते हैं। इंफ्रास्ट्रक्चर क्षेत्र में कंस्ट्रक्शन, स्मार्ट सिटी प्रोजेक्ट्स, रोड, टेलीकॉम जैसी संभावनाओं का बड़ा लाभ एम.बी.ए. छात्रों को आनेवाले दिनों में हो सकता है। मेक इन इंडिया और डिजिटल इंडिया जैसे सरकारी प्रोजेक्ट्स ने बड़ी संभावनाएँ

खोली हैं, जो नए मैनेजर्स को बड़ा अवसर प्रदान करेंगी।

प्र. 3 प्लेसमेंट के दौरान एम.बी.ए. छात्रों में देखे जानेवाले गुण

नॉलेज (ज्ञान)

1. मैक्रो एवं माइक्रो जगत् के विषय में सामान्य ज्ञान।
2. इंडस्ट्री से संबंधित समग्र ज्ञान।
3. अमुक कंपनी के विषय में जानकारी, जिनमें प्लेसमेंट की इच्छा हो (मिशन/विजन/बिजनेस मॉडल/ बिजनेस प्रोसेस/सप्लाई चेन/इंडस्ट्री में प्रतियोगियों की अपेक्षा, कमजोरी अथवा बेहतरी, इन सभी का ज्ञान)
4. विषयों का विशेष ज्ञान।

एटीट्यूड एवं स्किल

1. टीम में काम करने की तत्परता और टीम के अन्य सदस्यों के साथ काम करने की चाहत।
2. अग्रिम प्लानिंग और ऑरगेनाइज करने की क्षमता।
3. स्ट्रेस को मैनेज करना एवं काम व स्वभाव में लचीलापन।
4. आइडिया एवं वस्तुओं को बेचने की कला।
5. क्रिएटिव एवं इनोवेटिव सोच।

प्र. 4 एम.बी.ए. की पढ़ाई के समय कुछ ध्यान देने योग्य बातें, जो भविष्य के इंडस्ट्री में कॅरियर के लिए उपयोगी है।

उ. मॉडल/फ्लो डायग्राम/मेट्रिक्स, लॉजिकल सोच को बढ़ावा देती हैं और छात्रों को चाहिए कि वे इनको अपने मस्तिष्क की हार्डडिस्क में सदा के लिए बैठा लें। इनके अध्ययन, प्रयोग पर छात्रों का विशेष ध्यान होना चाहिए, जिससे वे आगे चलकर कॉरपोरेट में उनका सफल उपयोग कर पाएँ। मैंने खुद इस पद्धति से पढ़ाई कर लाभ पाया है। परीक्षा में भी छात्रों को मैं डायग्राम की मदद से उत्तर देने की राय देता हूँ। इनके अलावा सेल्स जॉब के लिए प्रेजेंटेशन स्किल को परिपक्व करना बहुत आवश्यक है। मैं छात्रों को बार-बार कहना चाहूँगा कि वे हर विषय में प्रेजेंटेशन पर विशेष ध्यान दें।

प्र. 5 इंडस्ट्री से जुड़ने के पश्चात् एक एम.बी.ए. को किस प्रकार अपने

को और भी शिक्षित-प्रशिक्षित करना चाहिए, जिसका लाभ कॅरियर में उसे मिल पाए।

उ. मेरी समझ में एक एम.बी.ए. को किसी भी संस्थान द्वारा निर्देशित कॅरियर पथ का अनुसरण करना चाहिए, उसे जॉब-रोटेशन को अपनाना चाहिए और अपनी कॅरियर ग्रोथ के लिए आवश्यक सभी कौशल को अर्जित करना चाहिए। अपने कार्यकाल में मैंने भी इंडियन ऑयल के अंतर्गत कई जॉब-रोल्स को अपनाया (**Press Re-Engineering, Materials Planning, Procurement & Inventory control, HRD & Training, Quality, Safety & Environment Management, construction of Refinery Projects & Funeral Management of SBU**) एम.बी.ए. मैनेजर को रूटीन कार्यों से हटकर अन्य कामों में भी अपनी महारथ दिखानी चाहिए। मैं अपने छात्रों को **MURI, MURA** और **MUDA** का पाठ पढ़ाता हूँ। **MURI** यानी कि व्यर्थ के कामों को पहचानकर अलग करना, जिससे उत्पादकता में इजाफा हो। **MURA** अर्थात् अवरोधों को दूर करना और **MUDA** यानी कि काम में **Waste** को कम करके गुणवत्ता और उत्पादकता बढ़ाना। इन सभी से एक मैनेजर की अपनी आइडेंटिटी बनती है। ब्रैंड बनता है।

प्र. 6 आनेवाले 5 वर्षों में इंडस्ट्री का कैसा भविष्य है?

उ. एक विकासशील देश के नाते भारत में एक सुनहरा भविष्य है और वर्तमान सरकार की नीतियों का फल भी अगले 5-6 वर्षों में ही आने की उम्मीद है। इंफ्रास्ट्रचर में विकास एवं मेक इन इंडिया की वजह से ग्रामीण क्षेत्रों में विकास की बड़ी संभावनाएँ हैं। कृषि एवं कृषि से जुड़े उद्योग, फूड प्रोसेसिंग, विश्व-स्तरीय स्टोरेज, लॉजिस्टिक एवं आई.टी.ई. जैसे क्षेत्रों में खासतौर से संभावनाएँ खुलेंगी। सप्लाई चेन मैनेजमेंट के क्षेत्र में उबेर (Uber) और OLA टैक्सी, कुछ सफल उदाहरण हैं, जिनका लाभ एम.बी.ए. ग्रेजुएट्स को मिलेगा।

प्र. 7 स्किल एवं ज्ञान के अतिरिक्त आप एक एम.बी.ए. में किस प्रकार के मूल्य देखना चाहेंगे?

उ. **Ethics** एवं **Integrity** ये दो मूल्य हैं जो एम.बी.ए. में सर्वोपरि होने चाहिए। मैं अपने कार्यकाल में अपने सहयोगियों के प्रति आदर भाव

रखता था एवं उनके कौशल की तारीफ करता था। ये गुण संस्थान में अपने लिए आदर भाव, लोगों के दिलों में विशेष स्थान बनाने के लिए आवश्यक होते हैं। यह टीम निर्माण के लिए अत्यावश्यक है।

प्र. 8 एक एम.बी.ए. समाज एवं राष्ट्र निर्माण में किस प्रकार योगदान दे सकता है?

उ. एक सफल एम.बी.ए. अपने संस्थान के सस्टेनेबल विकास में योगदान दे सकता है और उसके इस छोटे योगदान से अर्थव्यवस्था की समृद्धि को बल मिलेगा, जिससे राष्ट्र मजबूत होगा। अपने संस्थान के सुधार हेतु एवं उसमें योगदान हेतु किसी भी मैनेजर को निम्न बातों का ध्यान रखना चाहिए—

1. गुणवत्ता एवं उत्पादकता में सुधार का प्रयास और उसके लिए **MURI, MURA & MUDA** का अनुपालन।
2. दूसरे सहयोगियों के विकास के लिए अपने को इनवेस्ट करना।
3. अपनी टीम को कुछ नया करने का प्रश्रय।

प्र. 9 हालाँकि अंग्रेजी विश्व भर में प्रचलित भाषा है, लेकिन हिंदी आज भी आनेवाले कल में बहुत बड़ी बाधा नहीं होगी। क्या आप इससे सहमत हैं?

उ. आजकल भाषायी इंटरप्रेटर मिलते हैं, जिनकी सेवा ली जा सकती है। चीन देश इसका ज्वलंत उदाहरण है, जहाँ अंग्रेजी प्रचलित नहीं होने पर भी वहाँ की अर्थव्यवस्था डबल डिजिट में बढ़ रही है। फिर भी छात्रों को चाहिए कि वे अपनी इंग्लिश स्पीकिंग को सुधारें और उसके लिए उपयुक्त कोर्स करें।

□

'मेक इन इंडिया मुहिम के तहत इंटरप्रेन्योरशिप तरक्की पर है।'

डॉ. संजय पांडेय
असिस्टेट रजिस्ट्रार
आई.आई.टी. दिल्ली

प्र. 1 आज के परिदृश्य में एम.बी.ए. के लिए क्या संभावनाएँ या अवसर हैं?

उ. एम.बी.ए. के लिए अवसर न सिर्फ प्राइवेट सेक्टर में, बल्कि सरकारी नौकरियों में भी हैं। वास्तव में आजकल एम.बी.ए.छात्रों का रुझान 'प्रीमियर सर्विसेज' की तरफ बढ़ रहा है। यू.पी.एस.सी. की वार्षिक रिपोर्ट से पता चलता है कि सिविल सर्विसेज परीक्षा 2012 में आई.आई.एम. से 35 लोग उत्तीर्ण हुए। तब से यह रुझान बढ़ ही रहा है। इसके अलावा भारत सरकार की मेक इन इंडिया मुहिम के तहत इंटरप्रिन्योरशिप तरक्की पर है। ऐसे में नए स्टार्टअप इंडिया, स्टेंड अप इंडिया और उन्नत भारत जैसे अनेक कार्यक्रमों ने एम.बी.ए. के लिए अवसर और संभावनाओं को क्षितिज पर पहुँचा दिया है।

प्र. 2 एक फ्रेश एम.बी.ए. के लिए इंडस्ट्री में कौन से अवसर हैं?

उ. इंडस्ट्री तो हमेशा से फ्रेश एम.बी.ए. ढूँढ़ती है, जो इनके बिजनेस की शुरुआत कर सकें। अगर किसी के पास अच्छी कुशलता, क्षमताएँ और जानकारी है तो अवसरों की कोई कमी नहीं है। दरसअल सुअवसर हमारे आस-पास ही होते हैं, अलग-अलग रूप में।

प्र. 3 नियुक्ति के समय आप एक एम.बी.ए. में कौन से गुण देखना चाहेंगे?

उ. सबसे पहले तो कंपनी एक एम.बी.ए. में यह देखना चाहती है कि उसने इस 'जॉब' के लिए कैसी तैयारी की है। बढ़ती हुई प्रतिस्पर्धा और जटिलता के दौर में कंपनियाँ ऐसे उम्मीदवार को चुनना चाहती है जो सीधे काम में जुट जाने के लिए तैयार हों। इंडस्ट्री में बढ़ोतरी और तरक्की से होनेवाले फायदे के लिए कंपनी एम.बी.ए. को रखना पसंद करती है।

आपकी तैयारी में उन्नति के लिए प्रतिबद्धता होनी चाहिए। सीखने और

आगे बढ़ने के लिए हमेशा तैयार रहना चाहिए। आपके नए कदम उठाने की तैयारी से आपकी इच्छाशक्ति का पता चलता है कि आप मुश्किल कदम भी उठाने को तैयार हैं।

तीसरी अहम बात, वह है जो एक कंपनी देखना चाहती है, उम्मीदवार समस्याओं को सुलझानेवाला हो। कॉरपोरेट तो ऐसे ही उम्मीदवार का चयन करेंगे, जो समस्याओं को दूर कराने के लिए सुझाव दे सके और उसे लागू करने की खुद जिम्मेदारी ले सके।

प्र. 4 पढ़ाई के दौरान एम.बी.ए. शिक्षार्थी को इंडस्ट्री में अपना कॅरियर मजबूत बनाने के लिए क्या खास करना चाहिए?

उ. सबसे पहली और महत्त्वपूर्ण बात यह है कि एम.बी.ए. बिजनेस में प्रोत्साहन को बढ़ाएँ। आज की एम.बी.ए. की पढ़ाई मैनेजर बनाती है, जैसे मार्केटिंग, फाइनेंस, एच.आर. या सेल्स, जो कि अपने आपमें बिजनेस ही है। इंडस्ट्री में कॅरियर मजबूत बनाने के लिए एम.बी.ए.के पास न सिर्फ लिखित जानकारी, बल्कि प्रैक्टिकल नॉलेज भी होना जरूरी है। ऐसा करने के लिए न केवल पढ़ाई गंभीरता से करने की जरूरत है, बल्कि इंडस्ट्री में शामिल होकर, प्रोजेक्ट, इंटर्नशिप, इंडस्ट्री ट्रिप, कॉरपोरेट से बातचीत, सेमिनार में शामिल होना, केस स्टडी और कॉन्फ्रेंस के द्वारा स्वयं को विकसित करना चाहिए।

इसके अलावा एम.बी.ए. अपनी कमियों को दूर करने के लिए सबसे अच्छा समय होता है। कुछ अभ्यर्थी बोलने में कमजोर होते हैं तो कुछ अन्य विषयों में कमजोर होते हैं, जैसे मुझे फाइनेंस से हमेशा डर लगता था। कुछ छात्रों में व्यावहारिकता भी एक बड़ा मुद्दा होता है, कुछ बच्चे/छात्र शर्मीले होते हैं, आत्मविश्वास की कमी होती है। एम.बी.ए. की पढ़ाई इन सब चुनौतियों का मुकाबला करने का सबसे अच्छा समय है। आप अपने टीचर से इन सबके लिए मिलें और उनकी सहायता लें। आप अपने अलुमुनाई की मदद भी ले सकते हैं। संभावनाएँ तो असंख्य हैं। आप में सिर्फ एक मजबूत व्यक्ति बनने की इच्छा होनी चाहिए।

प्र. 5 इंडस्ट्री में जाने के बाद एक एम.बी.ए. अपने अच्छे कॅरियर के लिए अपने को कैसे विकसित करें?

उ. इनसान हमेशा कुछ न कुछ सीखता रहता है। इस प्रश्न का सीधा एक

निश्चित उत्तर नहीं हो सकता। सिर्फ कंपनी के ऑर्गेनाइजेशन स्ट्रक्चर, बिजनेस या उत्पाद सेवाएँ, प्रतिद्वंद्वी ताकत या कमजोरी के बारे में जान लेना काफी नहीं है, बल्कि अपने में कंपनी के वास्तविक मूल्य जो कंपनी ने विकसित किए हैं, उन्हें अपनाने की कोशिश करनी चाहिए। यह प्रोसेस चलते रहना चाहिए। उदाहरण के लिए कंपनी में हमें अकसर एक ऐसा एंपलाई मिल जाता है, जिसके पास सभी समस्याओं का हल होता है। लोग यह सोचकर हैरान होते हैं कि वह इतना सफल कैसे है? लेकिन यह आसान है। वह इतना परफेक्ट इसलिए होता है, क्योंकि वह उच्चस्तरीय जानकारी रखता है, जबकि दूसरों के पास लिमिटेड दृष्टिकोण होता है। वे समस्याओं को विभिन्न कोणों से देखते हैं और हल निकाल लेते हैं। इसलिए यह जरूरी है कि जब आप इंडस्ट्री में आ जाते हैं तो आपको लगातार काम करते रहना चाहिए और अपनी जानकारी को बढ़ाते रहना चाहिए। इससे न केवल कंपनी का फायदा होगा, बल्कि आपको भी इसका फायदा मिलेगा और भविष्य के लिए संभावनाएँ खुलेंगी।

प्र. 6 अगले पाँच वर्षों में इंडस्ट्री अपना भविष्य कैसा देखती है ?

उ. इससे कोई फर्क नहीं पड़ता। ऐसा इतिहास में कभी नहीं हुआ कि कंपनी ने विशेष कौशलवाले पढ़े-लिखे, होशियार, मेहनती एंपलाई को न ढूँढ़ा हो। आर्थिक तंगी के दौर में ऐसे एंपलाई की जरूरत कई गुना बढ़ जाती है। सोचिए, आर्थिक संकट की घड़ी में, उद्योग बंद हो रहे हों, बढ़ते इंफलेशन में हर से अपना पैसा नहीं लगाना चाहते हों, अगर कोई बढ़िया सेल्समेन आलीशान होटल में हो, जिसने बड़ी-से-बड़ी डील को हासिल किया हो तो कौन सी कंपनी ऐसे एंपलाई को अपने रोल पर नहीं रखेगी।

प्र. 7 कौशल और जानकारी के अलावा आप एक एम.बी.ए. में कौन-कौन से गुण देखना चाहते हैं ?

उ. ईमानदारी, और यह कोई सामान्य उत्तर नहीं है। दरसल ईमानदारी बहुत कुछ बनाती है। रेक्रूटर की हैसियत से इंटरव्यू में दिए गए हर सवाल के जवाब के आधार पर मैं किसी को नौकरी पर रख लेता हूँ। अगर कोई एंपलाई ईमानदार है तो मैं उसे अपने साथ रखूँगा, क्योंकि अगर कोई दूसरों के साथ ईमानदार है तो वह खुद के साथ भी ईमानदार होगा।

ईमानदारी हिम्मत से आती है, यह कोई ऊपरी/दिखावटी साहस नहीं होता। ईमानदार बने रहने के लिए सिर्फ सांसारिक चुनौतियों का सामना ही नहीं करना पड़ता, स्वयं से भी दो-दो हाथ होना पड़ता है। इसलिए अगर कोई अंदर से साहसी है तो वह ईमानदार है। अगर किसी के पास हिम्मत है तो हमेशा उसके पास सफल होने, विकास करने और बढ़ते रहने की संभावनाएँ हैं।

प्र. 8 एक एम.बी.ए. समाज और राष्ट्र के निर्माण में किस प्रकार सहयोग कर सकता है ?

उ. एक एम.बी.ए. अपने प्रशिक्षण और प्रणाली, जो हमारे देश में अपनाई गई हैं, के कारण एक एंटरप्रिन्योर के रूप में या सिविल सर्विसेज या एन.जी.ओ. के लिए सबसे अधिक पात्रता रखता है।

ऐसे बहुत से उदाहरण हैं, जहाँ एक एम.बी.ए. राजनीति में आकर यह रोल बखूबी निभाया है। श्री पी. चिदांबरम और श्री यशवंत सिन्हा दोनों ही एम.बी.ए. हैं।

प्र. 9 अपेक्षाकृत छोटे शहरों से आए अभ्यर्थी, जिनकी शिक्षा का माध्यम हिंदी रहा हो, के लिए आपके क्या सुझाव हैं ?

उ. अपने बीते समय पर गर्व करें और स्वयं को संसार से जोड़ें।

अगर आपकी शिक्षा का माध्यम हिंदी रहा है और आपको इंग्लिश मुश्किल लगती है तो इस पर मेहनत की आवश्यकता है, लेकिन यह याद रहे कि अच्छे कम्युनिकेशन के लिए इंग्लिश का होना अनिवार्य नहीं है। वास्तव में कुछ लोग इतने अच्छे तरीके से हिंदी में बात करते हैं कि इंग्लिश की कमी महसूस नहीं होती।

इंग्लिश की जरूरत इसलिए पड़ती है कि अधिक जानकारी और सूचनाओं का अपार भंडार अंग्रेजी में उपलब्ध है। इंग्लिश के बिना, इंग्लिश बोलनेवालों के बिजनेस क्लब से दूर हो जाएँगे। मैं यह चाहूँगा कि अगर आप धारा प्रवाह अंग्रेजी नहीं बोल सकते हैं, तो अभ्यास कीजिए। आपको अंग्रेजी इसलिए नहीं पढ़नी है कि आप छोटे शहर से हैं, बल्कि इसलिए पढ़नी है कि आप में संसार की जानकारी प्राप्त करने की एक प्रबल भावना है।

जैसा कि आप करते भी हैं, निडर रहें और गलती करने के लिए तैयार

रहें। अगर आप बोलेंगे ही नहीं, तो इंग्लिश सीखेंगे कैसे? इसलिए बोलिए और हर मौके पर इंग्लिश बोलिए। शुरू में, हो सकता है लोग आप पर हँसें, पर कोई बात नहीं। इसे आपके अंग्रेजी न जानने की कीमत समझ लीजिए, जो आपको अदा करनी है। जैसे ही आप सीख जाएँगे, यह हँसी यहीं पर रुक जाएगी और आप उन्हीं लोगों के चेहरों पर आश्चर्य की झलक देखेंगे।

प्र. 10 एक अच्छे बी-स्कूल का चयन कैसे करें तथा उसमें प्रवेश के लिए तैयारी कैसे करें ?

उ. एक अच्छा बी-स्कूल कमियों को दूर करने में आपकी सहायता करता है और आपके कौशल, क्षमताओं और नॉलेज को बढ़ाकर आपका सशक्त व्यक्तित्व और नौकरी के लिए सुयोग्य बनने के अवसर प्रदान करता है और अगर आप किसी भी बी-स्कूल के विषय में जानना चाहते हैं तो मानव संसाधन मंत्रालय ने बड़ा ही साफ और निष्पक्ष तरीके से रैंकिंग प्रदान की हुई है, आप उन्हें देख सकते हैं।

□

'हेल्थ सेक्टर में तेज रफ्तार से बढ़ती संभावनाएँ।'

प्र. 1 वर्तमान परिप्रेक्ष्य में एम.बी.ए. करनेवालों के लिए कौन-कौन से अवसर हैं?

श्री यतीश वहाल
डॉयरेक्टर, नयति हेल्थ केयर एवं रिसर्च

उ. चीन की गिरती अर्थव्यवस्था के संदर्भ में यह कहा जा सकता है कि भारत की अर्थव्यवस्था की विकास दर को कुछ चुनिंदा अर्थव्यवस्थाओं में सबसे अधिक आँका गया है। हाल की मेक इन इंडिया नीति के तहत निवेश में अपेक्षित वृद्धि, खासकर डिफेंस जैसे सेक्टर में एवं स्टार्टअप के हाल के प्रोत्साहन से अर्थव्यवस्था को काफी बड़ा प्रोत्साहन मिलेगा और MBA पास आउट के लिए अभूतपूर्व संभावनाएँ खुलेंगी। हाल की Soft Bond, KKR Carlyk द्वारा निवेश आगे की संभावनओं की पुष्टि करते हैं।

प्र. 2 एम.बी.ए. के लिए उद्योग जगत् में क्या-क्या अवसर व संभावनाएँ हैं?

उ. हेल्थ एवं शिक्षा ऐसे सेक्टर हैं, जिन पर अर्थव्यवस्था चक्र का खास प्रभाव नहीं पड़ता। हेल्थ इंडस्ट्री पूँजीगत सेक्टर है, जिसका लाभ निचले स्तर तक विलंब से होता है, फलस्वरूप कुछ नए मॉडल ईजाद किए गए हैं, जिनका लाभ सस्ती हेल्थ सेवा के रूप में लोगों को मिल सके। प्राइमरी एवं प्रिवेंटिव हेल्थकेयर में नई संभावनाएँ हैं, जहाँ कई ख्यातिप्राप्त विश्वस्तरीय संस्थानों ने अपना काम प्रारंभ किया है, जिनमें NNS एक है। इस सेक्टर में अन्य सेक्टर की कंपनियाँ जैसे HCL Aritas प्रवेश कर रही हैं। किर्लोस्किर ने भी बैंगलुरु में अपनी गतिविधियाँ शुरू की हैं। ऐसे में हॉस्पिटल मैनेजर एवं एनेलीटिक्स की माँग काफी बढ़ रही हैं, जिससे हेल्थकेयर से संबंधित प्रोग्राम भी शुरू किए जा रहे हैं। हेल्थ से जुड़ी अन्य इंडस्ट्री जैसे फार्मा इक्विपमेंट मैनुफैक्चरिंग में डबल डिजिट की विकास दर देखी जा रही है, जहाँ लोगों के लिए काफी संभावनाएँ होंगी।

प्र. 3 रिक्रूटमेंट के समय एम.बी.ए. में कंपनी कौन से गुण ढूँढ़ती है ?

उ. मेरी समझ में MBA के लिए सामान्य रूप (Common Sense) आवश्यक है, जो देखा गया है कि अकसर इसकी कमी लोगों में रहती है। व्यावहारिक जीवन में आनेवाली चुनौतियों को न तो क्लास में पढ़ाया जाता है और न ही वे पके-पकाए तौर पर मिलती हैं। चुनौतियों के समाधान के लिए समझ-सूझ, प्रेजेंस ऑफ माइंड, लॉजिकल रिजनिंग की आवश्यकता होती है और एक चयनकर्ता, एक MBA उम्मीदवार में इन्हीं गुणों को ढूँढ़ता है। अत: एक छात्र को बहुत थोड़े समय में अपने कौशल का परिचय देना होता है, जिसके लिए अच्छे कम्युनिकेशन की आवश्यकता होती है।

प्र. 4 अपने भविष्य को सुदृढ बनाने के लिए एम.बी.ए. अभ्यर्थी को क्या करना चाहिए ?

उ. जब एक MBA अपने इच्छित सेक्टर में अपने कॅरियर के प्रति निश्चित मन हो जाए तो उसे चाहिए कि वह उस सेक्टर की तमाम बारीकियों को समझ ले और अपनी गंभीरता उस लक्ष्य को पाने की ओर दिखाए। इससे वह निश्चित रूप से अपने को अलग और बेहतर स्थापित कर पाएगा।

प्र. 5 उद्योग में प्रवेश करने के बाद एम.बी.ए. स्नातक को बेहतर कॅरियर बनाने के लिए स्वयं को कैसे तैयार करना चाहिए ?

उ. एक MBA मैनेजर को हर समय नया सीखने एवं फीडबैक के प्रति सजग रहना चाहिए। नया सीखने के लिए कभी भी देर नहीं होती।

प्र. 6 अगले पाँच वर्षों में उद्योगों में एम.बी.ए. की क्या भूमिका होगी ?

उ. अगले दशक में भारत एक अच्छे विकास पथ पर होगा और हरेक व्यक्ति के लिए इतना बड़ा कैनवास है, जहाँ संभावनाओं की कैसी भी चित्रकारी हो, उसे किया जा सकता है।

प्र. 7 नॉलेज और स्किल के अलावा आप एम.बी.ए. में किन मूल्यों को देखना चाहेंगे ?

उ. अपने कौशल एवं ज्ञान पर विश्वास रखना और अपने नैतिक मूल्यों के साथ कभी समझौता नहीं करना, मूल रूप से यही आवश्यक है।

प्र. 8 राष्ट्र निर्माण और समाज के प्रति एम.बी.ए. किस प्रकार सहयोग दे सकते हैं ?

उ. एक छोटी सी पहल भी मायने रखती है। एक सफल इंटरप्राइज में जब नौकरी की अनगिनत संभावनाएँ हैं तो वह एक प्रकार से अर्थव्यवस्था एवं राष्ट्र निर्माण में अपना महत्त्वपूर्ण योगदान देता है।

प्र. 9 छोटे कस्बों से आनेवाले अभ्यर्थियों, जिनकी शिक्षा का माध्यम हिंदी रहा हो, के लिए क्या सुझाव देना चाहेंगे ?

उ. मेरी समझ में कड़ी मेहनत का कोई पर्याय नहीं है। छोटे शहरों से आए छात्रों को मेहनत के थोड़े और घंटे जोड़ने होंगे और मैं उन्हें नियमित रूप से एक नेशनल और एक बिजनेस न्यूजपेपर पढ़ने की सलाह दूँगा।

प्र.10 छात्र अपने लिए अच्छे बी-स्कूल का चयन कैसे करें ?

उ. फैकल्टी, इंफ्रास्ट्रक्चर, अलुमुनाई कुछ आधारभूत स्तंभ हैं, जिनकी गहन जानकारी लेनी चाहिए और संतुष्ट होने पर संस्थान का चयन करना चाहिए।

□

"भारतीय रिटेल सेक्टर का विश्व बाजार में पाँचवाँ स्थान है।"

प्र. 1 वर्तमान परिप्रेक्ष्य में एम.बी.ए. करनेवालों के लिए कौन-कौन से अवसर हैं?

श्री गौरव त्रिपाठी
डिप्टी मैनेजर-पैंटेलूंस, गुड़गाँव

उ. सन् 2009 में जब मैंने एम.बी.ए. पूरा किया था, तब हमारे सामने इंडस्ट्री में जॉब आसान नहीं थी, जहाँ मैं अपने कॅरियर का विकास देख सकता था, लेकिन आज की तारीख में रिटेल इंडस्ट्री के परिपक्व हो जाने से एवं स्टार्टअप के शुरू होने से एम.बी.ए. छात्रों के लिए बहुत सारी संभावनाएँ खुल गई हैं। स्टार्टअप प्रोजेक्ट के तहत खुद के इंटरप्राइज खुलने से बहुत सारे अवसर बने हैं।

प्र. 2 एम.बी.ए. के लिए उद्योग जगत् में कौन से अवसर व संभावनाएँ हैं?

उ. भारत में आज रिटेल सेक्टर काफी तेजी से आगे बढ़ रहा है। HEM एवं ZARA जैसी विश्व प्रसिद्ध कंपनियों के निवेश से, जहाँ एक ओर बाजार में प्रतिस्पर्द्धा बढ़ी है, वहीं कंपनियों में उत्कृष्ट मैनपावर लेने की होड़ सी लग गई है, जिसका लाभ एम.बी.ए. को मिल रहा है। पैंटेलून आज काफी अच्छी गति से प्रगति कर रहा है और मेट्रो के अलावा टीयर 1 एवं टीयर 2 शहरों में अपने आउटलेट्स बढ़ा रहा है, जिसके लिए उन्हें बड़ी मात्रा में मानव संसाधन चाहिए। नए एम.बी.ए. के लिए पैंटेलून ने ट्रेनिंग प्रोग्राम रखे हैं, जहाँ कंपनी के लिए मार्केटिंग, एच.आर., रिटेल, ऑपरेशन, विजुअल मर्चेंडाइजिंग क्षेत्रों में उन्हें तैयार करते हैं।

प्र. 3 रिक्रूटमेंट के समय एम.बी.ए. में कंपनी कौन से गुण ढूँढ़ती हैं?

उ. सर्वप्रथम व्यक्ति में एक सही एटीट्यूड होना चाहिए, खासकर रिटेल में शनिवार, रविवार, पर्व-त्योहार सभी में काम के लिए उपस्थित होना आवश्यक है। लोगों में रिटेल कल्चर को अपनाने की चाहत होनी

चाहिए, नई चीजों को सीखने की तत्परता होनी चाहिए। उनमें अच्छा कम्युनिकेशन, शिष्टाचार में महारथ एवं जरूरत पड़ने पर जगह बदलने के लिए अग्रसर होना चाहिए।

प्र. 4 अपने भविष्य को सुदृढ बनाने के लिए एम.बी.ए. अभ्यर्थी को क्या करना चाहिए?

उ. मेरी समझ में छात्रों को पहले वर्ष में ही फैकल्टी की सहायता से इंडस्ट्री एवं क्षेत्र का चुनाव कर लेना चाहिए और उसी अनुरूप अपनी इंटर्नशिप तय करनी चाहिए।

प्र. 5 उद्योग में प्रवेश करने के बाद एम.बी.ए. स्नातक को बेहतर कॅरियर बनाने के लिए स्वयं को कैसे तैयार करना चाहिए?

उ. इंडस्ट्री ज्वॉइन करने के बाद अपने फांउडेशन को मजबूत करना पहला लक्ष्य होना चाहिए। पहले जॉब में समय देना चाहिए और अपने काम को पूरी तन्मयता के साथ करना चाहिए। रिटेल में सफल होने के लिए रिटेल ऑपरेशन, प्रॉफिट की हर संभव बढ़ोतरी पर खास ध्यान देना चाहिए। नए बाजार एवं नई जगह को समझने एवं अपनाने में काफी लचीलापन दिखाना चाहिए।

प्र. 6 अगले पाँच वर्षों में उद्योगों में एम.बी.ए. की क्या भूमिका हो सकती है?

उ. रिटेलिंग भारतीय अर्थव्यवस्था का सबसे मजबूत स्तंभ है, जो कुल GDP का 22 फीसदी है। एक अनुमान के अनुसार इसकी वैल्यू $ 500 billion है और विश्व के सर्वोच्च पाँच बाजारों में से एक है। निवेश के रिफार्म के बाद इसकी विकास दर और भी तीव्र हुई है और नई कंपनियों के आने से गति में तेजी आएगी E-Commerce के साथ और भी नई संभावनाएँ खुलेंगी।

प्र. 7 नॉलेज और स्किल के अलावा आप एम.बी.ए. में किन मूल्यों को देखना चाहेंगे?

उ. आदित्य बिरला जैसे ग्रुप में 5 मूलभूत मूल्यों पर जोर दिया गया है— Integrity, Commitment, Passion, Speed and Seamlessness. आज के युग में इन मूल्यों का काफी महत्त्व है।

प्र. 8 राष्ट्र निर्माण और समाज के प्रति एम.बी.ए. किस प्रकार सहयोग दे सकते हैं ?

उ. अपना काम सही ढंग से करते हुए समाज और राष्ट्र निर्माण में योगदान किया जा सकता है। अगर आप सेल्स में ग्राहकों को सही मूल्य पर सही सामान देते हैं और उन्हें संतुष्ट करते हैं या फिर HR में रहते हुए सामाज के विभिन्न वर्गों को मौका देते हैं तो वह समाज के प्रति बहुत बड़ी जिम्मेदारी का निर्वहन है। अपने प्रोफेशन के प्रति ईमानदारी भी महत्त्वपूर्ण है।

प्र. 9 छोटे कस्बों से आनेवाले अभ्यर्थियों, जिनकी शिक्षा का माध्यम हिंदी रहा हो, के लिए क्या सुझाव देना चाहेंगे ?

उ. यह प्रश्न मेरे दिल को अकसर छू जाता है। मैं गोरखपुर जैसे छोटे शहर से आता हूँ और मैंने अपनी स्कूली शिक्षा हिंदी माध्यम से पूरी की। विश्वास मानिए अगर आपने अंग्रेजी नहीं पढ़ी है तो उसे सीख पाना अत्यंत कठिन है। मेरा सुझाव है कि हम अंग्रेजी को एक विषय की तरह जानते-समझते हैं, ग्रामर अच्छी होती है, लेकिन हमें उसे भाषा के रूप में देखना चाहिए और उसे परीक्षा पास करने के लिए नहीं, बल्कि अपनी हर सोच को अंग्रेजी में करनी चाहिए, न कि सोच का अंग्रेजी में अनुवाद करना चाहिए। अंग्रेजी अखबार पढ़ना, किसी अच्छे इंस्टीट्यूट से अंग्रेजी सीखना आवश्यक है।

प्र.10 नामांकन की तैयारी के लिए किन बातों का विशेष ध्यान देना चाहिए ?

उ. हम सभी IIM को लक्ष्य बनाते हैं, लेकिन हमें अपनी काबिलियत भी आँकनी चाहिए। ग्रेजुएशन के शुरुआती दिनों से ही एम.बी.ए. की तैयारी शुरू करें, मॉक टेस्ट का अभ्यास आवश्यक है और इच्छित कॉलेज की लिस्ट बनाकर तैयारी करें।

प्र.11 एक अच्छे बी-स्कूल का चयन कैसे करें ?

उ. प्लेसमेंट रेकॉर्ड, अलुमुनाई और उनकी उपलब्धियों पर ध्यान देना अनिवार्य है। फैकल्टी, अलुमुनाई की सफलताओं एवं कैंपस में आनेवाली कंपनियों के आधार पर निर्णय लिया जा सकता है।

□

"ट्रेवल, टूरिज्म एवं हॉस्पीटेलिटी सेक्टर अर्थव्यवस्था के फेस हैं।"

दिव्यम जौहरी
सीनियर सेल्स मैनेजर-ऑबरॉय ग्रुप

प्र. 1 वर्तमान परिप्रेक्ष्य में एम.बी.ए. करनेवालों के लिए कौन-कौन से अवसर हैं?

उ. पिछले एक वर्ष में भारत में विकास के प्रोजेक्ट्स में अत्यधिक बढ़ोत्तरी आई है। मेक इन इंडिया के तहत विश्व की कंपनियों ने भारत की राह ली है, जिसका प्रभाव सिर्फ सर्विस सेक्टर पर ही नहीं, बल्कि मैन्युफैक्चरिंग सेक्टर पर भी पड़ा है, जिससे ब्लू कॉलर जॉब्स पर भी काफी प्रभाव पड़ा है। इनसे सर्विसेज एवं इंफ्रास्ट्रक्चर कंपनियों को बढ़ावा मिला है। इस बढ़ती हुई माँग में एम.बी.ए. के लिए अच्छी संभावनाएँ हैं और इंडस्ट्री में मौजूदा स्किल गैप की भरपाई का पूरा अवसर है।

प्र. 2 एम.बी.ए. के लिए उद्योग जगत् में कौन से अवसर व संभावनाएँ हैं?

उ. ट्रेवल, टूरिज्म, एवं हॉस्पीटेलिटी सेक्टर अर्थव्यवस्था के फेस होते हैं एवं इनका विकास देश में हो रहे निवेश, बढ़ी हुई व्यावसायिक गतिविधियों पर निर्भर करता है। भारत को चाहिए कि अपने प्रोडक्ट्स एवं सर्विसेज को कॉनफ्रेंस के जरिए प्रमोट करे। लीजर ट्रेवल विश्व की व्यावसायिक गतिविधियों से जुड़ा होता है। बेहतर स्थिति में अधिक बोनस का वितरण होता है, जिसका लोग भ्रमण में उपयोग करते हैं। भारत भ्रमण विश्व में एक बड़ा आकर्षण का केंद्र है। एक एम.बी.ए. को हॉस्पीटेलिटी सेक्टर के लिए सेल्स-मार्केटिंग, फाइनेंस एवं सप्लाई चेन मैनेजमेंट क्षेत्रों में अपने कौशल को बढ़ाना चाहिए।

प्र. 3 रिक्रूटमेंट के समय एम.बी.ए. में कंपनी कौन से गुण ढूँढ़ती है?

उ. सेलेक्शन के लिए कुछ प्रमुख बिंदु इस प्रकार हैं, जिनका छात्रों को ध्यान रखना चाहिए।

Communication पर पकड़ एवं अंग्रेजी व विदेशी भाषाओं का अच्छा

ज्ञान। Analytical Proficiency- Micro Soft Excel, Power Point के साथ-साथ अन्य बिजनेस प्रोग्राम का ज्ञान।

छात्रों को लोकल, रीजनल, नेशनल व विश्व की सामयिक गतिविधियों का ज्ञान होना चाहिए। यह विदेश से आनेवाले पर्यटकों के साथ काम करने में उपयोगी साबित होता है।

संबंधित इंडस्ट्री में पूर्व का कार्यानुभव काफी मददगार साबित होता है।

प्र. 4 अपने भविष्य को सुदृढ बनाने के लिए एम.बी.ए. अभ्यर्थी को क्या करना चाहिए?

उ. हॉस्पीटेलिटी सेक्टर की अपेक्षाएँ काफी चैलेंजिंग होती हैं अत: आवश्यक है कि एम.बी.ए. पात्र मल्टी-टासकिंग और विभिन्न कौशल से गुणी हों। मेरा सुझाव होगा कि वे CRM जैसी तकनीक से भलीभाँति परिचित हों, जिससे वे अपने कस्टमर्स से गहरे जुड़ सकें।

प्र. 5 उद्योग में प्रवेश करने के बाद एम.बी.ए. स्नातक को बेहतर कॅरियर बनाने के लिए स्वयं को कैसे तैयार करना चाहिए?

उ. विश्व भर के अपने कस्टमर्स एवं पार्टनर्स से अच्छा संबंध एवं संपर्क एक एम.बी.ए. को हॉस्पीटेलिटी सेक्टर में डिमांड में रखता है एवं प्रतिस्पर्द्धा में आगे ले जाता है।

प्र. 6 अगले पाँच वर्षों में उद्योगों में एम.बी.ए. की क्या भूमिका हो सकती है?

उ. काफी पॉजीटिव एवं तीव्र वृद्धि दर।

प्र. 7 नॉलेज और स्किल के अलावा आप एम.बी.ए. में किन मूल्यों को देखना चाहेंगे?

उ. एक आकर्षक व्यक्तित्व की खास आवश्यकता है। जैसा हमारी इंडस्ट्री में कहा गया है, “We are Ladies & Gentlemen serving Ladies & Gentlemen”.

प्र. 8 राष्ट्र निर्माण और समाज के प्रति एम.बी.ए. किस प्रकार सहयोग दे सकते हैं?

उ. प्रत्येक इंडस्ट्री में CSR प्रोजेक्ट्स की संभावनाएँ हैं और प्रत्येक इंडस्ट्री में एक एम.बी.ए. अपनी जिम्मेदारी के साथ सकारात्मक परिवर्तन ला सकता है और इसके लिए उसे खास प्रयास और समय निश्चित करना चाहिए।

प्र. 9 छोटे कस्बों से आनेवाले अभ्यर्थियों, जिनकी शिक्षा का माध्यम हिंदी रहा हो, के लिए क्या सुझाव देना चाहेंगे ?

उ. ऐसे छात्रों को खास तौर पर अपनी कम्युनिकेशन स्किल पर काम करना चाहिए और अंग्रेजी में सुधार लाना चाहिए। इसके साथ सभी प्रकार के कौशल का विकास करना चाहिए। हिंदी भाषा किसी एम.बी.ए. के लिए सीमा नहीं बन सकती, बशर्ते वह अपने व्यक्तित्व को अच्छी तरह से मैनेज करता हो और अंग्रेजी भाषा के साथ-साथ विदेशी भाषा सीखने-बोलने की इच्छा रखता हो। Data Interpretation, Logical Reasoning का विशेष अध्ययन एवं प्रैक्टिस करनी चाहिए और साथ में अपने व्यक्तित्व के विकास पर ध्यान देना चाहिए।

प्र. 10 एक अच्छे बी-स्कूल का चयन कैसे करें ?

उ. कई छात्र सिर्फ प्लेसमेंट पर ध्यान देते हैं और अपने चुनाव को आधार बनाते हैं, लेकिन अगर आपके Fundamentals एवं Learning सही हैं तो आगे भी कई अच्छी संभावनाएँ आएँगी। मैं यह सुझाव देना चाहूँगा कि छात्रों को विशेष रूप से फैकल्टी, उनके अनुभव, रिसर्च, थीसिस और इंडस्ट्री से उनके जुड़ाव पर ध्यान देना चाहिए। संस्थान का इंफ्रास्ट्रक्चर और कॉरपोरेट से जुड़ाव चुनाव के अन्य बिंदु हैं, जिनका खयाल करना चाहिए। आपको ध्यान रखना चाहिए कि यह आपकी अपनी काबिलियत एवं कौशल के विकास के लिए अहम् निवेश है।

□

'In a Gentle way you can shake the World.'

शिल्पी शुक्ला
सीनियर मैनेजर-हिंदवेयर लिमिटेड

प्र. 1 वर्तमान परिप्रेक्ष्य में एम.बी.ए. करनेवालों के लिए कौन-कौन से अवसर हैं?

उ. हालाँकि एम.बी.ए. मात्र का होना सफलता के लिए आवश्यक नहीं है, लेकिन एम.बी.ए. से विश्व भर के बाजार एवं इंडस्ट्री का ज्ञान होता है और इंडस्ट्री में एक विशेष स्थान मिलता है। मेरा सुझाव यह है कि अगर छात्रों में अपने कॅरियर के प्रति स्पष्टता हो और इंडस्ट्री, जिसमें काम करना है, वह स्पष्ट हो तो उसे एक जनरल एम.बी.ए. की अपेक्षा Specialized MBA करना चाहिए, जिसका अधिक लाभ मिलता है, लेकिन बिना सोचे-समझे लिया गया निर्णय और एम.बी.ए. का चुनाव बाद में गलत साबित होता है।

प्र. 2 एम.बी.ए. के लिए उद्योग जगत् में क्या-क्या अवसर व संभावनाएँ हैं?

उ. आजकल हिंदवेयर जैसी कंपनियाँ 'यंग लीडर्स' के विकास पर काफी समय और प्रयास लगाती हैं, जिससे एम.बी.ए. ग्रेजुएट्स की संख्या में काफी तीव्र गति से वृद्धि हुई है। विभिन्न कार्यकलापों में काम करने का मौका मिलता है, जिंससे बहुआयामी कौशल विकसित होता है और इसका लाभ एम.बी.ए. को मिलता है।

प्र. 3 रिक्रूटमेंट के समय एम.बी.ए. में कंपनी कौन से गुण ढूँढ़ती है?

उ. जब छात्र प्लेसमेंट इंटरव्यू के लिए बैठते हैं तो वह एक प्रकार से ट्रेडमिल पर चलने जैसा चैलेंजिंग है, जिसमें जी.डी., केस स्टडी, रोल प्ले और Assessment Test शामिल होते हैं। ये छात्रों में कुछ निम्न प्रकार के गुण ढूँढ़ते हैं—

- Individual Ability छात्रों की स्मार्टनेस और मैच्युरिटी तथा स्ट्रेस मैनेज करने की क्षमता।
- Quantative Orientation छात्र, जो 'संख्या' से खेल सकते हैं।

- Analytical Mindset क्रिटिकल सोच एवं कॉम्पलेक्स समस्याओं का निदान।
- Team Player छात्र, जो टीम भावना के द्वारा अपने सहयोगियों के साथ मिलकर काम करने का गुण रखते हों।
- Creativity & Innovation छात्र, जो बदलाव को अपनाते हैं और उस अवसर का सकरात्मक लाभ उठाते हैं।
- Killer Instinct छात्र जो निर्भीक होते हैं और सफलता-असफलता में एक से रहते हैं।

छात्रों को Soft Skills को परिपक्व करने के लिए बहुत अधिक संख्या में 'मॉक इंटरव्यू' करने चाहिए, जिसमें सीनियर्स या सहपाठी सहयोगी हों, साथ में इंटरव्यू स्किल पर, नेटवर्क स्किल पर, रेज्यूमें पर, ट्रेनिंग में भाग लेना चाहिए, साथ ही प्रोफेशनल कोड और एथिक्स की जानकारी बढ़ानी चाहिए। छात्रों को निम्न पर फोकस करना चाहिए।

- GD/Interview को कैसे फेस करें।
- बाडी लैंगुऐज
- रेज्यूमें लिखने की कला
- कंपनी के नजरिए को समझने की कला

प्र. 6 अगले पाँच वर्षों में डिफेंस और अन्य उद्योगों में एम.बी.ए. की क्या भूमिका हो सकती है?

उ. वर्तमान सरकार की नीतियों को लेकर अर्थव्यवस्था एवं इंडस्ट्री में एक सकारात्मक सेंटीमेंट है। मेक इन इंडिया के तहत निवेश, स्टार्टअप एवं 'स्टैंड अप इंडिया' जैसी नीतियों से अर्थव्यवस्था में निश्चित उछाल आने की संभावना है, जो एम.बी.ए. के लिए अच्छा है। कॉरपोरेट इंडिया ने भी कई कदम उठाए हैं, जो महिला एम.बी.ए. के लिए लाभकारी सिद्ध होंगी और लेबर रिफार्म का भी अच्छा प्रभाव पड़ेगा।

प्र. 7 नॉलेज और स्किल के अलावा आप एम.बी.ए. में किन मूल्यों को देखना चाहेंगे?

उ. कम्युनिकेशन, ईमानदारी, टीम भावना, एक्शन प्लेयर, मानसिक कटिबद्धता, धैर्य एवं लगातार काम करने की तत्परता जैसे गुण, छात्रों में ज्ञान भंडार के अलावा होने चाहिए।

प्र. 8 राष्ट्र निर्माण और समाज के प्रति एम.बी.ए. किस प्रकार सहयोग दे सकते हैं?

उ. एक विकसित देश में छात्रों के योगदान की बड़ी संभावना है। आज जो पढ़ रहे हैं, वे कल को काम करेंगे। वे देश की प्रगति के कर्णधार होंगे। हर व्यक्ति अपने में समाज को प्रभावित करने में सक्षम है और उसे ऐसा करना चाहिए। महात्मा गांधी ने एक बार कहा था, "In a Gentle way you can shake the whole world." छात्रों को इससे प्रेरणा लेनी चाहिए। इसके लिए सिर्फ अपने सोच में थोड़े बदलाव की आवश्यकता है। अपने कंफर्ट जोन से बाहर आने की जरूरत है और इस दिशा में एम.बी.ए. से कोई और बेहतर नहीं हो सकता, जो Eithics or लीडरशिप में ट्रेन्ड होते हैं। उनमें एक अलग तरह से सोचने की कला होती है, नई सोच की पहल होती है, जिससे समाज को बेहतर बनाया जा सकता है और उसमें हर वर्ग के विकास को शामिल किया जा सकता है।

प्र. 9 छोटे कस्बों से आनेवाले अभ्यर्थियों, जिनकी शिक्षा का माध्यम हिंदी रहा हो, के लिए क्या सुझाव देना चाहेंगे?

उ. कुछ निम्न बातों का ध्यान दिया जाना चाहिए—

- अपने गुणों एवं कमजोरियों पर ध्यान देना एवं उन पर काम करना।
- स्पष्ट कम्युनिकेशन की आवश्यकता है, भाषा का महत्त्व बहुत अधिक नहीं होता।
- व्यक्तित्व में कॉन्फिडेंस होना चाहिए।
- अब्दुल कलाम जैसों से प्रेरणा लें, जिन्होंने छोटे शहर से बड़े मुकाम हासिल किए।
- गति एवं परिपक्वता पर विशेष ध्यान देना चाहिए।

प्र.10 एक अच्छे बी-स्कूल में प्रवेश के लिए तैयारी कैसे करनी चाहिए?

उ. अपनी योग्यता के अनुसार संस्थानों के फॉर्म भरें। हर कॉलेज के फॉर्म न भरकर कुछेक टार्गेट कॉलेज के फॉर्म भरे जाएँ, यह देखते हुए कि आपकी स्वयं की बैकग्राउंड क्या है, कार्य अनुभव है या नहीं?

हर प्रवेश परीक्षा महत्त्वपूर्ण है। सिर्फ CAT की अपेक्षा में दूसरी परीक्षा MAT, CMAT, XAT को अनदेखी नहीं करनी चाहिए, साथ ही अपने

GK, Vocabulary पर ध्यान देना चाहिए। अपने अंदर के किसी भी प्रकार के भय को दूर करना चाहिए।

प्र.11 एक अच्छे बी-स्कूल का चयन कैसे करें ?

उ. बी-स्कूल के चुनाव में कुछ महत्त्वपूर्ण बातें—

- फैकल्टी प्रोफाइल
- करिक्यूलम, जो कि प्रासंगिक हो
- अलुमुनाई नेटवर्क
- लोकेशन
- कॉलेज की प्रतिष्ठा
- फीस टे प्लेसमेंट सैलरी (Cost Vs Roi)

□

"अंग्रेजी पर कमांड होना ग्लोबल बिजनेस का हिस्सा बनने के लिए आवश्यक।"

श्री अनुपम रघुवंशी
प्रेरणा फेलो, आई.आई.एम. लखनऊ
डायरेक्टर T.I.M.E. वाराणसी

प्र. 1 आज के परिदृश्य में एक एम.बी.ए. के लिए क्या-क्या अवसर या संभावनाएँ हैं,

उ. यदि 2015 के जी.एम.ए.सी. सर्वेक्षण को देखें तो दुनिया भर में 96 प्रतिशत एंपलायर ने माना है कि बिजनेस स्कूल से लिए गए कर्मियों ने उनकी कंपनी की साख बढ़ाई है।

भारत के संदर्भ में जहाँ अर्थव्यवस्था बढ़ रही है और परिस्थितियाँ भी व्यापार को बढ़ाने के अनुकूल हैं, एम.बी.ए. स्नातक और अधिक अच्छे दिनों की उम्मीद कर सकते हैं।

प्र. 2 एक फ्रेश एम.बी.ए. के लिए क्या-क्या सुअवसर हैं।

उ. विशेष तौर पर बैंकिंग इंडस्ट्री में एम.बी.ए. के लिए ढेरों अवसर हैं। भारतीय रिजर्व बैंक ने गाँवों की बैकिंग सेवा में 70 प्रतिशत तक विस्तार की योजना बनाई है। यह 10 गुना वृद्धि सीधे एम.बी.ए. ग्रेजुएट के लिए रोजगार के अवसरों को बढ़ाएगी।

प्र. 3 प्रतियोगी परीक्षा की तैयारी में आप छात्रों में क्या-क्या गुण चाहते हैं?

उ. हमारे पास छात्र सभी श्रेणियों से आते हैं, जिनके पास अलग-अलग विषयों में स्नातक डिग्रियाँ होती हैं। बी और सी श्रेणी के शहरों से आए छात्रों के लिए यह अधिक चुनौतीपूर्ण होता है, क्योंकि उनकी कम्युनिकेशन स्किल और व्यक्तित्व पर देहात का असर होता है। फिर भी अगर सच्ची लगन से ईमानदार कोशिश की जाए तो मुझे विश्वास है कि वे यह सब कर सकते हैं।

प्र. 4 छात्रों को कैट, मेट जैसी लिखित परीक्षा की तैयारी कैसे करनी चाहिए?

उ. ये एप्टीट्यूड टेस्ट, एक स्तर के निर्धारित करनेवाले होते हैं। हालाँकि ग्रेजुएट छात्रों को परीक्षा का डर नहीं होता, इसके लिए एक क्रमबद्ध तरीके से मॉक टेस्ट का अभ्यास करें तो काफी है। क्लास में रेगुलर होना और अपने डाउट को क्लीयर करते रहना छात्रों के ही हाथ में है।

प्र. 5 छात्रों को ग्रुप डिस्कशन और केस एनेलेसिस की तैयारी कैसे करनी चाहिए ?

उ. इसे कैट की परीक्षा की तरह नहीं लेना चाहिए। इसके लिए कंटेंट डेवलपमेंट और कम्युनिकेशन स्किल को बढ़ाने के लिए लगातार अभ्यास करना आवश्यक है। इसका एक अच्छा तरीका यह होगा कि हम केस लेकर उस पर डिस्कशन करें, जिससे कंटेंट डेवलपमेंट और कम्युनिकेशन स्किल दोनों ही बेहतर होंगे, क्योंकि यह एक ग्रुप का अभ्यास होता है, ऐसे में इंस्टीट्यूट की भूमिका बहुत महत्त्वपूर्ण होती है।

प्र. 6 PI यानी व्यक्तिगत साक्षात्कार के लिए कौन-कौन से टिप्स हैं ?

उ. सबसे पहले तो छात्र अपने कॅरियर को चुनें। सिर्फ भाषा पर ध्यान देने या कम्युनिकेशन पर ही निर्भर नहीं रहा जा सकता। आपके बायोडाटा में ऐसा कुछ जरूर होना चाहिए कि इंटरव्यू लेनेवाले की दिलचस्पी आप में बढ़े। छात्रों को साथ-साथ आस-पास की दुनिया के बारे में जानकारी होना जरूरी है। आजकल यह भी देखा जाता है कि आपको कहाँ तक जानकारी है और अपने विचारों से औरों की कैसे सहायता कर पाते हैं।

प्र. 7 कौशल और जानकारी के अलावा वे कौन से गुण हैं, जो आप एक एम.बी.ए. के छात्र में देखना चाहेंगे ?

उ. एक एम.बी.ए. के छात्र में लीडरशिप के प्रोफेशन के लिए निश्चय होना जरूरी है। सवाल यह है कि कितनी जल्दी आप कॉरपोरेट की सीढ़ी चढ़ सकते हैं और उनका नेतृत्व करें। इसका साधारण अर्थ यह है कि इस अखंडता, विकास, जिम्मेदारी का अहसास, इन सब की आवश्यकता आप को भविष्य में पड़नेवाली है।

प्र. 8 समाज और राष्ट्र के निर्माण में एक एम.बी.ए. क्या योगदान कर सकते हैं ?

उ. भविष्य में ये बिजनेस लीडर और डिसिजन मेकर बहुत से लोगों के जीवन को प्रभावित करनेवाले हैं। इनसे उम्मीद की जा रही है एक

बेहतर प्रणाली की, वेल्थ क्रिएशन, संचालन, सुलभ व्यापार प्रक्रिया, जो एक आम आदमी के जीवन को सुविधाजनक बना सकते हैं। इसके अलावा ये विश्व के उन बेहतरीन बिजनेस लीडरों में होंगे, जो अपने कौशल से व्यापार जगत् में नए रोजगारों की संभावना बढ़ाकर धन के वितरण के लिए बड़े अवसर और बेहतर व्यापार को सुनिश्चित करेंगे।

प्र. 9 अपेक्षाकृत छोटे शहरों से आए एम.बी.ए. अभ्यर्थी, जिनका शिक्षण माध्यम हिंदी रहा है, के लिए आपके क्या सुझाव हैं ?

उ. हर अभ्यर्थी के लिए अभिव्यक्ति, संकल्पना और विषय सामग्री बहुत महत्त्व रखती है। अंग्रेजी पर कमांड होना ग्लोबल बिजनेस का हिस्सा बनने के लिए अत्यंत आवश्यक है। उन्हें अपनी रीडींग को अपनी दिनचर्या का हिस्सा बनाना होगा। न्यूजपेपर पढ़ें, समाचार सुनें और पत्रिकाओं तथा अन्य ऑर्टिकल पढ़कर अपनी भाषा को सुदृढ बनाएँ। बोलने के अभ्यास से फलुएंसी बढ़ती है। छात्रों को आपस में चाहिए एक-दूसरे से अंग्रेजी में बातचीत करें और आत्मविश्वास बढ़ाएँ। अधिकतर पर्सनेल्टी टेस्ट में फेल होने का कारण, अंग्रेजी को बोलने का अभ्यास न करना ही होता है।

प्र.10 एक अच्छे बी-स्कूल में प्रवेश पाने के लिए अभ्यार्थी को किस प्रकार तैयारी करनी चाहिए ?

उ. कैट परीक्षा में अच्छा स्कोर। एक अच्छा पाठक बनें, सभी कुछ पढ़ें। बातचीत करें। डिस्कशन का हिस्सा बनें। राष्ट्रीय अंतरराष्ट्रीय घटनाओं की जानकारी रखें। खुद को अपडेट करते रहें। बस यही काफी है एक अच्छे बी-स्कूल में प्रवेश पाने के लिए।

प्र. 11 अभ्यर्थी बी-स्कूल कैसे चुने ?

उ. सभी बी-स्कूल उच्चस्तरीय होने का दावा करते हैं और संस्थान भी बढ़ते जा रहे हैं। हर साल बढ़ते हुए नए-नए बी-स्कूलों से छात्र और असमंजस में हैं कि किसे चुनें। बी-स्कूल चुनते समय निम्न तथ्यों पर ध्यान दें—

- इंस्टीट्यूट कितना पुराना है?
- इंटर्नशिप के अवसर
- फैकल्टी की योग्यता और रिसर्च

- इंडस्ट्री से मानकता/संबंध
- गेस्ट फैकल्टी और कॉरपोरेट्स के प्रोफाइल
- प्लेसमेंट सपोर्ट और आनेवाली कंपनियाँ
- अलुमुनाई नेटवर्क

□

'डाटा एनालिसिस एवं इंटर पर्सनल स्किल काफी महत्त्वपूर्ण गुण हैं, जिन्हें विकसित करना चाहिए।'

श्री जितेंद्र शर्मा
मुख्य लाइब्रेरियन जयपुरिया इंस्टीट्यूट ऑफ मैनेजमेंट, नोएडा

प्र. 1 आज के परिदृश्य में एक एम.बी.ए. के लिए क्या संभावनाएँ या अवसर हैं?

उ. सन् 2008 के रिसेशन टाइम के बाद, भारत की अर्थव्यवस्था फिर से अच्छी हो गई है। मैन्युफैक्चरिंग और सविर्सेज के सेक्टर के विकास के लिए भारत सरकार द्वारा किए गए प्रयासों से एम.बी.ए. प्रोफेशनल में नया जोश आया है। फाइनेंशियल सर्विसेस बहुत तेजी से बढ़ रही हैं। फाइनेंशियल सर्विसेस में सभी के लिए नए अवसर खुले हैं। इसलिए आज के परिदृश्य में एम.बी.ए. के लिए बेहतर अवसर हैं।

प्र. 2 फ्रेश एम.बी.ए. के लिए इंडस्ट्री में क्या-क्या अवसर हैं?

उ. एम.बी.ए. की डिग्री दुनिया भर में प्रसिद्ध है और पहचानी जाती है। फ्रेशर एम.बी.ए. की अलग-अलग मैनेजिरियल पोस्ट पर नियुक्ति की जा सकती है और अपने विषय विशेष, जैसे एच.आर., फाइनेंस, मार्केटिंग, सेल्स, बिजनेस एनालिसिस के मैनेजमेंट ट्रेनी के रूप में नियुक्ति मिल सकती है। अपनी योग्यता और कौशल के बल पर सीधे मैनेजर की पोजीशन मिल सकती है।

प्र. 3 आप एम.बी.ए. में कौन-कौन से गुण ढूँढ़ते हैं?

उ. रिक्रूटर एम.बी.ए. ग्रेजुएट में अच्छी कम्युनिकेशन स्किल, टीम में काम करनेवाला, लीडरशिप क्वालिटी, समस्या सुलझाने की क्षमता और सामरिक सोच रखनेवाला उम्मीदवार ढूँढ़ते हैं।

प्र. 4 एक एम.बी.ए. को इंडस्ट्री में अपना सुदृढ भविष्य बनाने के लिए क्या करना चाहिए?

उ. एक एम.बी.ए. छात्र को अपने उपयोग के आधार को समझना होगा,

क्योंकि बिना सशक्त और आधारभूत जानकारी के आगे नहीं बढ़ा जा सकता। उसे टीम बिल्डिंग और लीडरशिप जैसी बेसिक क्षमताओं को बढ़ाना होगा। खुद को नए विचारों के लिए खुला रखें और एक अच्छा श्रोता बनें। डाटा एनालेसिस आपके निर्णय लेने की क्षमता को बढ़ाने में सहायता करेगा।

प्र. 5 इंडस्ट्री में जाने के बाद एक बेहतर भविष्य के लिए एम.बी.ए. को क्या करना चाहिए?

उ. एम.बी.ए. दिमागी तौर पर एक बिजनेस-मैन होना चाहिए। उसे अवसरों को पहचानकर उन्हें व्यापार में बदलने की क्षमता में विकास करना चाहिए। उसे मल्टीस्किल और क्रास फंक्शनल एक्सपोजर बढ़ाना चाहिए, क्योंकि एंप्लायर उन लोगों को जल्दी स्वीकार करते हैं, जो शीघ्रता से अपनी जिम्मेदारी के अनुसार काम करना शुरू कर देते हैं। डाटा एनेलिसिस और इंटर पर्सनल स्किल के विकास से निर्णय लेने की क्षमता में वृद्धि होती है, जो कि इंडस्ट्री में कॅरियर बनाने में सहायता करती है। उसे अपनी आलोचना को शिक्षा के रूप में लेना चाहिए और सकारात्मक विचारों को विकसित करना चाहिए।

प्र. 6 आनेवाले पाँच सालों में उद्योग कैसे रहेंगे?

उ. भविष्य में इंडस्ट्री और अधिक बढ़नेवाली है। कुशल एम.बी.ए. की माँग आनेवाले वर्षों में और बढ़ेगी, क्योंकि विदेशों से आई कंपनियाँ, भारत में अपना मैन्युफैक्चरिंग बेस बनाने को तैयार हैं, जिन्हें कुशल मैनेजरों की आवश्यकता पड़ेगी। भारत, विदेशी कंपनियों के लिए एक अच्छा मार्केट है, जिसमें एफ.डी.आई. (FDI) को आकर्षित करने की क्षमता है। इसलिए औद्योगिक विकास का भविष्य भारत में उज्ज्वल है।

प्र. 7 कौशल और जानकारी के अलावा एम.बी.ए. में और कौन-कौन से गुण आप देखना चाहते हैं?

उ. कौशल और जानकारी के अलावा वे क्षमताएँ, जो एम.बी.ए. में होनी चाहिए, उनमें कार्य के प्रति लगन, पक्का इरादा, रचनात्मक कौशल, कम्युनिकेशन स्किल, निर्णय लेने की क्षमता, अनुशासन, आदर्श व्यवहार और लीडरशिप शामिल हैं।

प्र. 8 एम.बी.ए. समाज और राष्ट्र निर्माण के प्रति क्या कर सकता है ?

उ. एम.बी.ए. अभ्यर्थी को आम धारणाओं से बाहर, सोच को विकसित करके टिपीकल सामाजिक मानसिकता से दूर रहकर एक स्पष्ट लक्ष्य बनाना सिखाया जाता है। उनकी उद्यमशील सोच से समाज के पिछड़े वर्गों के लिए रोजगार के अवसर बढ़ाए जा सकते हैं। ऑपरेशन और सप्लाई चेन को विकसित करने और निर्माताओं को गाँवों से जोड़ने की कड़ी का काम कर सकते हैं। एम.बी.ए. अपने कौशल और जानकारी की सहायता से समाज का विकास कर सकते हैं और राष्ट्र निर्माण का हिस्सा बन सकते हैं।

प्र. 9 अपेक्षाकृत छोटे शहरों से आए अभ्यर्थी, जिनका शिक्षा का माध्यम हिंदी रहा है, उनके लिए क्या सुझाव हैं ?

उ. यह केवल भ्रांति है कि छोटे शहरों से आए हिंदी माध्यम से पढ़े विद्यार्थी, अंग्रेजी माध्यम के बड़े स्कूलों के विद्यार्थियों से मुकाबला नहीं कर सकते हैं। विद्यार्थियों को मूलभूत आधार पर ध्यान देना चाहिए। उन्हें अखबार पढ़ने की आदत डालनी चाहिए, विशेषकर बिजनेस पत्रिका। बिजनेस से संबंधित विषयों पर समाचार, लेख आदि पढ़ें। अपनी कम्युनिकेशन शक्ति को विकसित करें। शीशे के सामने खड़े होकर बोलने का निरंतर अभ्यास करें। अपनी कमजोरी को अपनी शक्ति बनाएँ। सही मायनों में अपनी मार्केटिंग के कौशल को बेहतर बनाने के लिए और इसमें सफलता पाने के लिए ग्रामीण क्षेत्र ही सबसे अच्छे हैं। आप किसी ग्रामीण क्षेत्र को अपना कार्य क्षेत्र चुन सकते हैं, जहाँ पर एक अंग्रेजी बोलनेवाला उतना सफल नहीं हो पाता, बल्कि आप जो वहाँ के कल्चर से परिचित हैं, एक बेहतर बिजनेस दे सकते हैं। आपको एक स्पष्ट उद्देश्य पर काम करना होगा। बिना आकर्षणों से प्रभावित हुए एक स्ट्रेटेजी के साथ सफलता अवश्य मिलेगी।

प्र.10 एक अच्छे बी-स्कूल में प्रवेश पाने के लिए अभ्यर्थी को तैयारी किस प्रकार करनी चाहिए ?

उ. यह एक 3 टीयर प्रोसेस है। सबसे पहले आपको लिखित परीक्षा करनी होती है। अच्छे अंकों के साथ मिलकर आपको एक ग्रुप डिस्कशन में भाग लेना होता है, जिसके बाद इंटरव्यू होते हैं। आपको पहले से ही

एंट्रेंस टेस्ट जैसे कैट, मैट, सी-मैट आदि के लिए तैयारी करनी होगी। समाचारपत्र पढ़ने की आदत डालें, सामान्य ज्ञान को विकसित करें, ग्रुप डिस्कशन और पर्सनल इंटरव्यू के लिए स्वयं तैयारी करें। इसके लिए आप अपने मित्रों, भाई-बहनों की सहायता भी ले सकते हैं। इन परीक्षाओं के लिए पाठ्यक्रम को जानें और तैयारी करें और यह तैयारी लगभग एक वर्ष पहले से शुरू होनी चाहिए। आप पिछले वर्षों के प्रश्नपत्र भी रेफर कर सकते हैं। इसके अलावा आपको अपनी कम्युनिकेशन स्किल बढ़ाने की कोशिश करनी चाहिए। ग्रुप डिस्कशन में अपने पक्ष को औरों पर थोपने की कोशिश न करें, बल्कि आपके तथ्य प्रभावशाली होने चाहिए, साथ ही पूछे गए प्रश्न/विषय से भटकें नहीं।

पर्सनल इंटरव्यू में आपको यह समझना होगा कि इंटरव्यू लेनेवाला उन 5-10 मिनटों में आपकी कम्युनिकेशन स्किल, एटीट्यूड और पूछे गए प्रश्नों के प्रति आपके दृष्टिकोण पर निर्णय लेनेवाला है। इसलिए आपका उत्तर अत्यंत प्रभावशाली, संक्षिप्त और स्पष्ट होना चाहिए, जो आपकी छवि अच्छी कम्युनिकेशन स्किल टीम में काम करनेवाला, सीखने में विश्वास रखनेवाला और समस्याओं को हल करनेवाले के रूप में दिखाए, न कि एक स्वकेंद्रित या घमंडी के रूप में।

प्र.11 एक अच्छे बी. स्कूल का चयन कैसे करना चाहिए?

उ. सबसे पहले तो एक अच्छे बी. स्कूल की पहचान करें, अखबारों में पूरे-पूरे पन्नों से भरे बी-स्कूलों के विज्ञापनों से भ्रामित न हों। आप इन बी. स्कूलों की वेबसाइट पर जाकर उनके विज्ञापनों में दिए गए तथ्यों को वेरीफाई करें। यह भी ध्यान दें कि ये इंस्टीट्यूट बाकायदा यू.जी.सी. या ए.आई.सी. टी.ई. से से मान्यता प्राप्त हों और रिकाग्नाईज हैं या नहीं। उनके पास वे सभी एप्रूवल सर्टिफिकेट हैं या नहीं, उनके प्लेसमेंट का रिकॉर्ड चेक करें। उनके अलुमुनाई से संपर्क करें। फैकल्टी और उपलब्ध सुविधाओं के बारे में जानकारी प्राप्त करें। संभव हो तो व्यक्तिगत रूप से कॉलेज का दौरा करें और पढ़नेवाले अन्य छात्रों से भी जानकारी हासिल करें। पसंद आने पर कॉलेज में एडमिशन प्रोसेस का ध्यान रखें और समयानुसार फॉर्म भर कर एप्लाई करें।

□

प्लेसमेंट से संबंधित कुछ उपयोगी वेबसाइट

1	Indian Banking Association	http://www.iba.org.in/
2	India Brand Equity Foundation	http://www.ibef.org/
3	The Securities and Exchange Board of India	http://www.sebi.com/
4	Silicon India	http://www.siliconindia.com/
5	RBI	https://www.rbi.org.in/
6	Glassdoor	https://www.glassdoor.co.in
7	Quora India	https://www.quora.com/
8	Placement Pappers	http://placementpapers.net/helpingroot/home
9	India Bix	http://www.indiabix.com/placement-papers/companies/
10	All India Association of Industries	http://www.aiaiindia.com/
11	Retailers Association of India	http://www.rai.net.in/
12	Cellular Operators Association of India	http://www.coai.com/

रैंकिंग से संबंधित कुछ महत्त्वपूर्ण वेबसाइट

NRHDN-Peoples Matters	https://www.peoplematters.in/article/2015/03/04/skilling/nhrdn-people-matters-b-school-ranking-data-insights-2015/10730
Business Today 2014:	http://bschools.businesstoday.in/
Career 360 - 2014 ranking	http://www.bschool.careers360.com/top-100-b-schools-in-india-2014
EduUniveral Business Schools Ranking	http://www.eduniversal-ranking.com/business-school-university-ranking-in-india.html
Outlook Magazine B-school survey	http://www.outlookindia.com/article/indias-best-bschools-in-2015/295392
Business World Magazine	http://www.businessworld.in/article/B-School-Rankings-2015/08-12-2015-89117/
CSR-GHRDC survey – available up to 2014	http://ghrdc.org/website/B-SchoolSurvey/2014/Reports.html
MBA Universe	http://www.mbauniverse.com/bschoolranking2015/b-school-rankings.php

Curriculum Vitae

Name:
Address: Email: Mobile:
Date of Birth:

SUMMER INTERNSHIP

- Ratnagiri Gas and Power Private Ltd., Noida
  May'14-June'14
  - Review on Financial Statements and Business Plan of Ratnagiri Gas and Power Private Ltd.
  - Analyzed the financial position of the company for the year 2010-11, 2011-12 and 2012-13
  - Evaluated the business plan and suggested measures for improvement

PROFESSIONAL EXPERIENCE

- The Park Hotel (APJ Group)
  Jun'08-Oct'08
  - Coordinated and managed catering operations to assure quality services
  - Oversee transportation and set-up activities to ensure successful onboard catering

ACADEMIC QUALIFICATIONS

- PGDM (Pursuing), Finance, Jaipuria Institute of Management, Noida, 2015, 9.45/10
- B. Com (Honours), Maharaja Agrasen College, University of Delhi, 2013, 65.94%
- Higher Secondary Schooling, VishwaBharati Public School, Noida, 2010, 80.80%

- Secondary Schooling, VishwaBharati Public School, Noida, 2008, 84.80%

CERTIFICATIONS

- Six Sigma Green Belt from KPMG, 2015

ADDITIONAL PROJECTS

- Comparison of Ratios at Tata Steel Ltd. And Jindal Steel Ltd. Aug'13
- Analyzed the liquidity ratios and solvency ratios of Tata Steel Ltd. and Jindal Steel & Power Ltd.

ACHIEVEMENTS

- Top scorer in Academics, Batch 2013-15, Jaipuria Institute of Management, Noida
- Won Inter college dramatics competition in Jaipuria Institute of Management Annual Cultural Fest
- Represented Jaipuria Institute of Management, Noida at PHD Chambers conference

CO-CURRICULAR ACTIVITIES

- Secured first position in NukkadNatak (AROHAN) in UDAAN 2013 (Jaipuria's Annual Management Fest) 2013
- Coordinator of Dramatics Club of Jaipuria, Noida 2014
- Active member of Research Cell and Finance Club in Jaipuria, Noida 2014
- Hosted events in Jaipuria Institute of Management Annual Cultural Fest, Noida 2014
- Participated: Inter-college dramatics competition and book review competition in Jaipuria, Noida

INTERESTS

- Reading Novels
- Listening to Music
- Cooking

□

देश के कुछ अग्रणी बिजनेस स्कूल

1.	IIM, Ahmedabad	Gujarat
2.	IIM, Calcutta	West Bengal
3.	XLRI, Jamshedpur	Jharkhand
4.	SPJIMR, Mumbai	Maharashtra
5.	MDI, Gurgaon	Haryana
6.	FMS, Delhi	Delhi
7.	IIM, Kozhikode	Kerala
8.	IIM, Indore	Madhya Pradesh
9.	IMI, Delhi	Delhi
10.	IIFT, Delhi	Delhi
11.	NMIMS, Mumbai	Maharashtra
12.	NITIE, Mumbai	Maharashtra
13.	IMT, Ghaziabad	Uttar Pradesh
14.	XIM, Bhubaneswar	Odisha
15.	SIBM, Pune	Maharashtra
16.	VGSoM, IIT Kharagpur	West Bengal
17.	DMS, IIT Delhi	Delhi
18.	TAPMI, Manipal	Karnataka
19.	IIM, Shillong	Meghalaya
20.	BIMTECH, Gr Noida	Uttar Pradesh
21.	SJMSOM, IIT Bombay	Maharashtra

22.	IRMA, Anand	Gujarat
23.	SCMHRD, Pune	Maharashtra
24.	Institute of Management, Nirma University	Gujarat
25.	Goa Institute of Management	Goa
26.	JBIMS,	Mumbai
27.	LN Welingkar Institute of Mgmt,	Mumbai
28.	LalBahadurShastri Institute of Management, Delhi	Delhi
29.	KJ Somaiya Institute of Management, Mumbai	Maharashtra
30.	MANAGE, Hyderabad	Telangana
31.	SIMSREE, Mumbai	Maharashtra
32.	Department of Management Studies, IIS, Bangalore	Karnataka
33.	Department of Management Studies , NIT Tiruchirappalli	Tamil Nadu
34.	BIM, Tiruchirappalli	Tamil Nadu
35.	AIMS School of Business	Karnataka
36.	Asia-Pacific Institute of Management, Delhi	Delhi
37.	LIBA,	Chennai
38.	Indian Institute of Management, Ranchi	Jharkhand
39.	PSG Institute of Management, Coimbatore	Tamil Nadu
40.	IISWBM, Kolkata	West Bengal
41.	ITM, Navi Mumbai	Maharashtra
42.	Rajagiri Centre For Business Studies, Kochi	Kerala
43.	Amity Business School, Noida	Uttar Pradesh
44.	Jaipuria Institute of Management, Noida/Lucknow,	Uttar Pradesh
45.	Institute For Financial Management And Research	Andhra Pradesh

46. School of Management, KIIT University — Odisha
47. IMT, Nagpur — Maharashtra
48. BIMM, Pune — Maharashtra
49. XIME, Bangalore — Karnataka
50. SCMS Cochin School of Business — Kerala

देश के महत्त्वपूर्ण कोचिंग संस्थान

1. IMS Learning Centre
2. Jamboree Education
3. Achiever's Academy
4. Ascent Education
5. Brilliant Tutorials
6. Bulls Eye
7. BYJU's CAT Classes
8. Career Forum
9. Career Launcher
10. Career Plan
11. CET Tutorials
12. Competitive Careers
13. Endeavor Careers
14. Erudite
15. Excel Management Foundation
16. Expert Education
17. Foundation Studies for Management
18. KITS
19. Magnus Institute
20. Matrix Academy
21. Prism Centre for Education
22. PT Education
23. Real Business Education
24. Sachdeva College

25. SKD Educational Consultant
26. TIME (Triumphant Institute of Management Education)
27. Vidyamandir
28. Vidyasagr Classes

महत्त्वपूर्ण काउंसलिंग वेबसाइट

1. www.shiksha.com
2. www.poagalguy.com
3. www.minglebox.com/
4. www.htcampus.com
5. www.jagranjosh.com/
6. www.careerlauncher.com/
7. TCYonline - A lot of free sample tests available online
8. TestFunda - provides CAT preparation material in versions - print, online, CD and android
9. Alchemist - classroom as well as online prep (online discussion, videos, pdf files, e-books)
10. http://online.2iim.com/
11. MBAuniverse.com
12. Career Line Education
13. www.hitbulleye.com
14. www.tcyonline.com/
15. www.wisdom24x7.com/
16. www.prep.youth4work.com/Management
17. MBAcrystalball - Best for GMAT preparation online
18. Mindworkzz - webinar lectures by IIM alumni, Arun Sharma

कुछ उपयोगी एप्स

1. Pagalguy
2. CAT Entrance
3. Testfunda.com
4. Career Launcher

5. CMAT
6. IIM CAT Test Prep
7. Bulls Eye
8. Jagran Josh
9. Mingalbox

□□□